MARCO POLO

ENGLAND

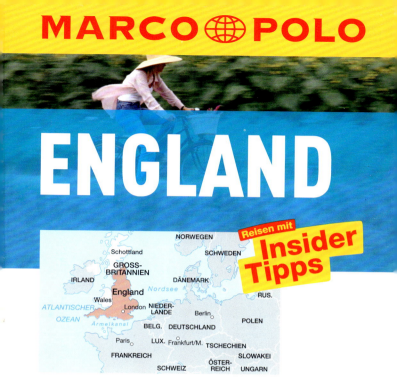

> Das moderne England überrascht mit kreativer Mode, kulinarischer Vielfalt, Abenteuersport und einem pulsierenden Nachtleben.
> **MARCO POLO Korrespondent John Sykes**
> (siehe S. 139)

Reisen mit **Insider Tipps**

W0014915

Spezielle News, Lesermeinungen und Angebote zu England:
www.marcopolo.de/england

ENGLAND

> SYMBOLE

 **MARCO POLO INSIDER-TIPPS**
Von unseren Autoren für Sie entdeckt

 MARCO POLO HIGHLIGHTS
Alles, was Sie in England kennen sollten

☀ **SCHÖNE AUSSICHT**

🛜 **WLAN-HOTSPOT**

▶▶ **HIER TRIFFT SICH DIE SZENE**

> PREISKATEGORIEN

HOTELS
€€€ über 140 Euro
€€ 90–140 Euro
€ unter 90 Euro
Die Preise gelten für ein Doppelzimmer einschließlich Frühstück in der Hochsaison

RESTAURANTS
€€€ über 40 Euro
€€ 20–40 Euro
€ unter 20 Euro
Die Preise gelten für ein Gericht mit Vorspeise oder Nachtisch ohne Getränke

> KARTEN

[118 A1] Seitenzahlen und Koordinaten für den Reiseatlas England
[U A1] Koordinaten für die Karte London im hinteren Umschlag

Zu Ihrer Orientierung sind auch die Objekte mit Koordinaten versehen, die nicht im Reiseatlas eingetragen sind

---

■ **DIE BESTEN MARCO POLO INSIDER-TIPPS** .... **UMSCHLAG**
■ **DIE BESTEN MARCO POLO HIGHLIGHTS** **4**

■ **AUFTAKT** **6**

■ **SZENE** **12**

■ **STICHWORTE** **16**
■ **EVENTS, FESTE & MEHR** **22**
■ **ESSEN & TRINKEN** **24**
■ **EINKAUFEN** **28**

■ **DER NORDEN** **30**
■ **DER WESTEN** **50**
■ **DER OSTEN** **64**
■ **DER SÜDEN** **76**

INHALT

> SZENE
S. 12–15: Trends, Entdeckungen, Hotspots! Was wann wo in England los ist, verrät der MARCO POLO Szeneautor vor Ort

> 24 STUNDEN
S. 96/97: Action pur und einmalige Erlebnisse in 24 Stunden! MARCO POLO hat für Sie einen außergewöhnlichen Tag in Manchester zusammengestellt

> LOW BUDGET
Viel erleben für wenig Geld! Wo Sie zu kleinen Preisen etwas Besonderes genießen und tolle Schnäppchen machen können:

Manchester: preiswert schlafen in einer ehemaligen Hutfabrik S. 48 | Ludlow: günstig gut essen in The Unicorn S. 60 | Cambridge: Kirchenmusik gratis S. 68 | Brighton: Strandpicknick mit selbst geangelten Makrelen S. 84

> GUT ZU WISSEN
Englische Spezialitäten S. 26 | Blogs & Podcasts S. 42 | Public Schools S. 58 | Bücher & Filme S. 63

AUF DEM TITEL
Wandern auf dem North Norfolk Coast Path S. 101
Kunst in den Klippen: Minack Theatre in Land's End S. 89

- **AUSFLÜGE & TOUREN** 90
- **24 STUNDEN IN MANCHESTER** 96
- **SPORT & AKTIVITÄTEN** 98
- **MIT KINDERN REISEN** 102

- **PRAKTISCHE HINWEISE** 106
- **SPRACHFÜHRER** 112

- **REISEATLAS ENGLAND** 116
- **KARTENLEGENDE REISEATLAS** 134

- **REGISTER** 136
- **IMPRESSUM** 137
- **UNSER INSIDER** 139

- **BLOSS NICHT!** 140

2 | 3

ENTDECKEN SIE ENGLAND!

Unsere Top 15 führen Sie an die traumhaftesten Orte und zu den spannendsten Sehenswürdigkeiten

Die Highlights sind in der Karte auf dem hinteren Umschlag eingetragen

 Kathedrale von Durham
Auf einer felsigen Halbinsel geschützt: 125 Jahre suchten die Mönche nach dem Platz für die Kathedrale (Seite 32)

 Beatles-Tour
Die Legende lebt: Fans aus aller Welt machen sich in Liverpool mit der „Magical Mystery Tour" auf die Spuren der berühmten Vier (Seite 37)

 Fountains Abbey
Eine der schönsten Ruinen Europas inmitten von Wassergärten und Tempeln (Seite 47)

Cotswolds
Eine Landschaft wie aus dem Bilderbuch: romantische Dörfer und Marktplätze, exzellente Restaurants (Seite 50)

 Oxford
Englische Traditionen und überwältigende Architektur in der weltberühmten Universitätsstadt (Seite 53)

 Shrewsbury
Mit ihren vielen Fachwerkhäusern ist Shrewsbury die schönste Tudorstadt der Britischen Inseln (Seite 57)

 Ironbridge Gorge
Neun Museen in einer Schlucht erzählen die Geschichte der industriellen Revolution (Seite 58)

 Cambridge
Die charmanteste Universitätsstadt, die Sie sich vorstellen können, besitzt eine besonders schöne Kirche: King's College Chapel (Seite 66)

> DIE BESTEN MARCO POLO HIGHLIGHTS

 Norfolk Broads
Ruhiges Gebiet von zahlreichen Seen und Flüssen bei Norwich – ideal für Freizeitkapitäne (Seite 75)

 Bath
Kuren in standesgemäßer Umgebung: Der Adel beauftragte für seine Villen nur die besten Baumeister (Seite 77)

 Stonehenge
Rätsel und Faszination der gigantischen Steinblöcke, die vor 4000 Jahren hierher transportiert worden sind (Seite 79)

 Kathedrale von Canterbury
Heilige Stätte und doch Ort einer Greueltat: Heinrich II. ließ in Canterburys Kathedrale Erzbischof Thomas Becket erstechen (Seite 81)

 British Museum
Schönheiten der Griechen, Römer und Ägypter sind hier in London versammelt. Und des Rätsels Lösung: der Stein von Rosetta ermöglichte die Entzifferung der Hieroglyphen (Seite 83)

 Tate Modern
London besitzt das führende Museum für moderne Kunst im Land – beeindruckend ist auch die Kulisse, ein stillgelegtes Kraftwerk an der Themse (Seite 84)

 St. Ives
Prädikate wie „Badeparadies" und „attraktivste Stadt Cornwalls" reichen St. Ives offenbar nicht: also auch „Künstlerkolonie mit jahrzehntelanger Tradition" (Seite 88)

Dorset, Durdle Door

> Eine Reise nach England verspricht Begegnungen mit lieb gewonnenen Bildern und ist doch auch voller Überraschungen. So sieht man das klassische England, wie man es aus Filmen kennt: Felsküsten mit Burgen, in grüne Hügellandschaft eingebettete Herrensitze, Gärten und blumengeschmückte Dörfer mit urigen Pubs. Andererseits überrascht das moderne England mit kreativer Mode, kulinarischer Vielfalt, Abenteuersport und einem pulsierenden Nachtleben. Neben das historische Erbe von Stonehenge, Cambridge und York treten kulturelle Schätze und aufregende neue Architektur in Städten wie Liverpool und Manchester.

> **Wem ist eine Reise nach England zu empfehlen? Sicherlich nicht demjenigen, für den das Wetter am Urlaubsort allererste Priorität hat und 14 Tage ununterbrochener Sonnenschein das Kriterium für einen gelungenen Urlaub sind.**

Und schon gibt es Einwände: Wieso denn das? Das Wetter in England ist moderat, angenehm. Es wird nie richtig kalt und nie richtig heiß. Selbst zwischen den Regenschauern scheint immer wieder die Sonne. Außerdem ist das Klima ideal für viele Pflanzen, selbst tropische. Das Land mit den bunten Blumen in Straßen und vor Pubs, den herrlichen Landschaftsgärten und Dörfern, die aussehen, als würde eine offizielle Gartenschau abgehalten, macht tatsächlich den Eindruck, als ob Heerscharen von Gartendesignern sich rund um die Uhr um das pflanzliche Wohl der Insel kümmern würden. Die Besichtigung von Gärten, ob große Landschaftsparks oder intimere Blumengärten, gehört zu den beliebtesten Freizeitbeschäftigungen der Engländer. Also ein zweiter Anlauf, um herauszufinden, wem der Aufenthalt in England am besten gefällt. Und da bekanntlich über Geschmack zu streiten ist und nicht vorab entschieden werden soll, was einen höheren Stellenwert hat, lassen Sie uns alphabetisch vorgehen. Clubbing wäre das erste Stichwort. Clubbing ist ein Phä-

> *England ist europäisch geworden*

nomen, bei dem neben London auch Städte wie Manchester, Newcastle und Leeds eine führende Rolle spielen. In Megaclubs, die über modernste Hightech und Soundanlagen verfügen, findet sich das Partyvolk allwöchentlich von Donnerstagabend

Neu und alt eindrucksvoll vereint: London Tower Bridge und Greater Assembley Building

AUFTAKT

bis Sonntag zusammen. Viele internationale Clubber sind darunter, die ausschließlich für das exklusive Cluberlebnis anreisen. Wesentlich traditioneller sind Dampfeisenbahnen. Liebhaber von historischen Dampf- und Elektroloks haben in England ihre helle Freude. Und auch für jeden anderen, der sich bisher nicht als Fan dieser Fahrzeuge definiert hat, sind die Dampfloks, die sich langsam, ächzend durch die Landschaft bewegen, eine liebe Erinnerung an vergangene Zeiten. Besonders idyllisch ist eine Fahrt mit der North York Moors Railway, die mit einer Höchstgeschwindigkeit von 25 Meilen in der Stunde durch die Newtondale-Schlucht fährt. Der Gedanke, selber aktiv zu werden, führt direkt zum Fahrradfahren. Noch bis vor kurzem war die Insel in dieser Beziehung eher verrufen. Es gab kaum Radwege und die Kultur des Fahrradfahrens war fast verloren gegangen. Nach und nach wird das National Cycle Network ausgebaut. Es entstehen Routen, auf denen man die schönsten Gebiete ganz oder weitgehend ohne Autoverkehr durchqueren kann. Vor allem die Nationalparks bemühen sich um die Belange von Radfahrern, neuerdings auch von Mountainbikern.

Doch am besten lässt sich England über seine Geschichte erfahren. Den englischen Marketingstrategen und auch der Regierung passt diese Betonung allerdings nicht so richtig, denn

> **> Entdeckerfreude stellt sich ein**

sie arbeiten intensiv daran, England als modernes Land mit weltbekannten Designern, Künstlern und Architekten zu vermarkten. Mit Erfolg. Prestigeträchtige Neubauten zeigen die Modernität englischer Städte. In Newcastle beeindrucken am südlichen Tyne-Ufer die kühne Millennium Bridge, der Umbau eines Getreidelagers zur Kunstfabrik Baltic und The Sage, ein von Sir Norman Foster entworfener Komplex mit Konzerthallen. Im Hafengebiet von Manchester entstand das Imperial War Museum North. Hier bildet ein aufregendes Werk des Stararchitekten Daniel Libeskind den Rahmen für einen kritischen Blick auf das Thema „Mensch und Krieg". In Birmingham wurde ein desolates Einkaufsviertel in der Stadtmitte komplett erneuert und unter dem Beifall der Architekturkritiker eröffnet. Und

8 | 9

WAS WAR WANN?

Geschichtstabelle

43–61 n. Chr. Die Römer erobern Britannien

450 Angelsachsen besiedeln England, Cornwall bleibt keltisch

Um 550 König Artus (Artussage) soll zu dieser Zeit regiert haben

1066 Schlacht von Hastings. Durch den Sieg der Normannen wird William the Conqueror König von England

1534 Heinrich VIII. gründet die anglikanische Staatskirche und wird deren Oberhaupt

1642–1649 Bürgerkrieg, Hinrichtung Charles' I., England ist unter Cromwell zeitweilig republikanisch

1689 *Bill of Rights:* Einschränkung der Macht der Monarchie

1707 Schottland mit England vereint zum Kingdom of Great Britain *(Act of Union)*

1756–1763 Siebenjähriger Krieg. England wird führende See- und Kolonialmacht

1769 James Watt lässt sich die Dampfmaschine patentieren, England wird erste Industrienation

1832 Erste Erweiterung des Wahlrechts, Schritt auf dem Weg zur Demokratie

1837–1901 Regierungszeit Queen Victorias, ihr Jubiläumsjahr (1897) gilt als Höhepunkt britischer Weltmacht

1952 Krönung Elisabeths II.

1973 Beitritt zur EU

2007 Nach zehn Jahren tritt Tony Blair als Premierminister ab. Nachfolger wird sein Schatzkanzler Gordon Brown

auch im täglichen Leben ist vieles moderner, ja europäischer geworden. Selbst die Königin bemüht sich um Volksnähe und bezahlt inzwischen sogar Steuern. Ihr Sohn Charles durfte 2006 endlich seine langjährige Geliebte Camilla heiraten.

Dennoch ist die Geschichte des Landes ständig präsent. Vielerorts stößt man auf Spuren von Römern, Wikingern und Normannen. Im äußersten Norden des Landes erstrecken sich die eindrucksvollen Überreste des größten römischen Monuments auf britischem Boden: Hadrian's Wall. Das südliche Bath, das zum Unesco-Weltkulturerbe zählt, ist vor allem für seine Thermalquellen aus der keltisch-römischen Zeit berühmt. Doch in noch stärkerem Maße spricht aufmerksame Reisende das Unerwartete an, die kleinen Begebenheiten, die Geschichte lebendig werden lassen. Etwa im Lord Nelson Pub in Burnham Thorpe ein Real Ale zu trinken und sich vorzustellen, dass genau hier Nelsons Abschiedsfest vor der großen Schlacht von Trafalgar stattgefunden hat. Solche Begegnungen sind in England keine Seltenheit.

Die gleiche Entdeckerfreude stellt sich auch beim Besuch von Ortschaften ein, die durch Bücher und Filme z. T. weltweit berühmt geworden sind. Und damit sind nicht nur die Kathedrale in Gloucester oder der Bahnhof in Goathland gemeint, die als Kulisse im ersten Harry-Potter-Film dienten. Im romantischen Cornwall werden Sie die einzigartige Landschaft mit ihren Klippen und kleinen Fischerhäfen wiedererken-

AUFTAKT

nen, die in den Büchern von Rosamunde Pilcher beschrieben wird.

> **Der Pub ist eine großartige englische Institution**

Dass in England so vieles erhalten ist, so viele Orte ihre ursprüngliche Verhältnis zur Größe hat Großbritannien mehr öffentliche Wanderwege als jedes andere Land. Gleich, ob Sie im Norden auf dem Pennine Way von der Landesmitte zur schottischen Grenze wandern oder eine kurze Wanderung wählen, der nächste Pub ist sicherlich nicht weit. Der Pub ist eine großartige englische Institution.

Sightseeing auf die klassische englische Art: per Doppeldeckerbus Bristol erkunden

Schönheit bewahren konnten, ist vor allem zwei Organisationen zu verdanken: Dem *National Trust* gehören zahlreiche Herrensitze, Gärten und Naturschutzgebiete, darunter ein großer Teil des Lake District. *English Heritage*, ein Ableger des Umweltministeriums, pflegt vorgeschichtliche Denkmäler wie Stonehenge und viele Burgen. Vom Denkmalschutz zum letzten Gedanken: Wandern. Im

Hier finden Sie leicht Zugang zu den Engländern, die allgemein sehr freundlich sind.

Wem nun ist England zu empfehlen? Dass es keine Garantie für gutes Wetter gibt, daran ist nicht zu rütteln. Ansonsten bietet das Land so enorm viel, dass selbst die Buchstaben unseres Alphabets nicht ausreichen, um alles zu beschreiben.

10 | 11

▶▶ TREND GUIDE ENGLAND

Die heißesten Entdeckungen und Hotspots! Unser Szene-Scout zeigt Ihnen, was angesagt ist

Waltraud Tannenberg
liebt England. Für die Fotografin gibt es dort einfach die atemberaubendsten Motive – szenig, lebendig und immer am Puls der Zeit. Genau wie sie selbst ist. Auch um ihren Hunger nach Kunst und Kuchen stillen zu können, ist sie in England richtig. So streift sie durch die angesagten Galerien des Landes oder gönnt sich eine der stylishen Törtchen Londons. Das ist Szeneleben pur!

▶▶ DESIGNRESTAURANTS

Innen und außen einfach ungewöhnlich

In den neuen Restaurants wird Essen zum Event: So außergewöhnlich sind die Locations, so extravagant das Design und so erstklassig die Küche. Das *East Beach Café*, designt von Thomas Heatherwick, ist ein riesiger Bronzebau mit Glasfront zur Küste, der aussieht wie überdimensionales Treibholz! Auf die Teller kommt Seafood *(Sea Road am Hafen, Littlehampton, www.eastbeachcafe.co.uk, Foto)*. Das stylishe *St. Alban* befindet sich in einem einstigen Londoner *BBC Radio Studio*. Heute ist das Interior eine Kombi aus Holz, Metall und Farben – very sophisticated. Serviert werden moderne europäische Gerichte *(4–12 Regent Street, www.stalban.net)*. Lässiger geht's im *Scott's* zu: Das Restaurant baut auf relaxtes Understatement in coolem Design. In schweren Ledersesseln und vor schiefen Glaswänden schmecken Austern und Ente besonders gut *(20 Mount Street, London, www.scotts-restaurant.com)*. Restaurant und Kunstprojekt zugleich ist *The Wapping Project*. Gerichte, wie z. B. Schwertfisch mit Blutorange und Fenchel sind hier Teil des kreativen Gesamtkonzepts *(Wapping Wall, London, www.thewappingproject.com)*.

SZENE

▶▶ KUCHENREFORM

Um 5 Uhr wird's kitschig!

Der traditionelle Nachmittagstee ist den Engländern heilig. Neuerdings genießt die In-Crowd zum Earl Grey Designer-Cookies und Mottokuchen. Kitschig, lustig und extrem kultig! Im *The Berkeley (Wilton Place, London, www.the-berkeley.co.uk,* Foto) verspeist man ganze Modekollektionen wie z. B. Kleider von Oscar de la Renta als stylishe Cookies oder eine *Hermès*-Tasche aus Ingwer. Ausgefallene Kuchen in Form von Stilettos gibt's auch bei *Lindy's Cakes (17 Grenville Ave, Wendover, www.lindyscakes.co.uk)*. *Cake Couture* schmückt Hochzeitstorten z. B. mit essbaren Orchideen *(26 Queens Road, Belmont, www.cake-couture.com)*. Die *Hummingbird Bakery* stellt kleine Küchlein mit kultigen Extras her *(47 Old Brompton Road, London, www.hummingbirdbakery.com)*.

▶▶ MOUNTAINBOARDING

Downhillkick auf Brettern

Ein neuer Extremsport erobert die Insel: Beim *Mountainboarding* rasen Mutige mit einer Art großem Skateboard die steilsten Berge und Trails hinunter. Der Kick: Die großen Reifen des Bretts federn perfekt ab und der Boarder kann über kleine Hügel und Unebenheiten springen. Mittlerweile gibt es sogar schon Communities, in denen sich die Boarding-Freaks über die neuesten Techniken und die besten Downhill-Locations austauschen. *Another World (Keighley Road, Ogden/Halifax, www.mountainboarding.co.uk)* gibt Kurse und verleiht die Spezialboards. Das MTB-Center *Out to Grass* bietet verschiedene Trials und Kurse im eigenen, riesigen Mountainboarding-Park an *(Woodend Farm, Cradley, Malvern, www.outtograss.com)*. Die Brüder Dave and Pete Tatham gehören zur nationalen Mountainboarding-Elite und haben schon ihr eigenes Label gegründet: Unter dem Namen *noSno* designen sie coole Boards *(www.nosno.com,* Foto).

▶▶ OPEN STUDIOS

Kunst für alle!
Von wegen L'Art pour l'Art: Die neuen Kunstprojekte und Events richten sich nicht mehr nur an Künstler, Kenner und Museen. Kunst für alle, lautet das Motto, wenn die Kreativen ihre Ateliers im Rahmen der *Open Studios* öffnen. Einen vielseitigen Einblick gibt's beim *Oxfordshire Visual Arts Festival:* Hier präsentieren Künstler wie z. B. Sophie Thompson ihre Werke *(weitere Künstler und Infos: www.artweeks.org, Foto).* Für alle, die von den Atelierbesuchen nicht genug bekommen können: Beim größten Open Studio Event Englands *Arts unwrapped* öffnen über 40 Künstler ihre Werkstatttüren *(www.artsunwrapped.com).*

▶▶ SHOPPEN UND HELFEN

Wer Gutes tun will, kauft in Charity Shops
Bewusstes Shoppen liegt im Trend. *Oxfam Cloth Exchange* tauscht getragene Klamotten von *M&S* gegen Gutscheine für den erneuten Kauf der Marke. Die Erlöse aus dem Shoppingkreislauf kommen humanitären Projekten zugute *(z. B. in Manchester: Oxfam Emporium, 8–10 Oldham Street, www.oxfam.co.uk).* Den Kampf gegen den Krebs unterstützen die Shops von *Cancer Research UK* (z. B. in Birmingham: 245 High Street, www.cancerresearchuk.org, Foto). Umweltschutz und Hilfsprojekte für Armenregionen haben sich die Läden von *TRAID* auf die Fahne geschrieben *(z. B. in Brighton, 39 Duke Street, www.traid.org.uk).*

▶▶ ECHT EXKLUSIV

Die Szene feiert unter sich
Alles privat, oder was? Man muss jedoch nicht gleich Mitglied werden, um am Glamourspaß teilhaben zu können: Einige Clubräume der Szene-Locations werden auch an Nichtmitglieder vermietet! Im Londoner *Soho House* (40 Greek Street, www.sohohouselondon.com) bleiben keine Wünsche offen. Auch die Fahrt von Club zu Club gibt's mit Exklusivcharakter: Der *Pink Ladies Drivers Club* fährt Partyhopperinnen in pinkfarbenen Limousinen durch die Nacht *(Unit 1P, Hawthorne Business Park, Hawthorne St., Warrington, Tel. 0845/124 74 65, Online-Mitgliedschaft unter www.pinkladiesmembers.co.uk, Foto).*

▶▶ SZENE

▶▶ ALLES, NUR NICHT UNIFORM

Neue Streetwear auf der Insel

Individuell und einzigartig zeigen sich die Fashion-Labels. Ihr Markenzeichen: freche Streetwear, die alles andere als langweilig ist. Das Motto Rock'n'Roll verwirklichen *Ringspun*. Das Label aus Manchester ist regelmäßig auf der Modemesse *Bread & Butter* vertreten *(www.ringspun.co.uk, Foto)*. Punkig und rebellisch sind *Buddhist Punk*. Von den großen Prints sind sogar David Beckham und Robbie Williams begeistert *(z. B. Dover Street Market, 17–18 Dover Street, London, www.buddhistpunk.co.uk)*. *Bolongaro Trevor* kreiert modernen Urban-Style, der außer in Hongkong und Los Angeles natürlich auch auf der Insel verkauft wird *(z. B. Selfridges, 400 Oxford Street, London; Cooshti, 57 Park Street, Bristol, www.bolongarotrevor.com)*. Wer die aktuellsten Kollektionen bewundern und anprobieren möchte, ist im *General Store* genau richtig *(7 Barton Arcade, Deansgate, www.generalstore-uk.co.uk)*.

▶▶ BIO 4 YOU

Pro-Nature in Fashion & Food

Wer hip sein will, lebt öko! Eco-Fashion und -Food sind der Trend der Stunde. Streng nach dem Öko- und Ethic-Prinzip entwirft die erklärte Eco-Stylistin Dawn Mellowship lässige Mode und romantische Wäsche *(www.ecostylist.co.uk)*. Angesagte organische und recyclebare Fair-Trade-Fashion präsentiert auch das *Nu Magazine (www.numagazine.co.uk)*. Ein wahres Paradies für Lebensmittel aus Bioherstellung ist die schicke *Daylesford Farm (Daylesford, Gloucestershire, www.daylesfordorganic.com, Foto)*. Auf dem riesigen Anwesen entstehen beste Bioprodukte, zur Weiterverarbeitung geht's in die eigene Bäckerei, Käserei und Schlachterei und dann in den Hofshop. Köstlichste Bioeiscreme, zum Beispiel Spring Water Sorbet mit schwarzen Johannisbeeren, gibt's bei *Rocombe (The Mendip Centre, Rhodyate, Blagdon, www.rocombe.com)*. Ethical Correctness zum Genießen!

14 | 15

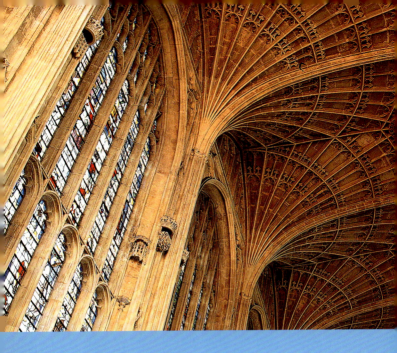

> VON AFTERNOON TEA BIS WETTER

Ob Perpendicular, Bed & Breakfast, Meile oder Pint – vieles ist einmalig auf der Insel der Könige, Exzentriker und Pub-Besucher

AFTERNOON TEA

„*A nice cup of tea*" ist für die Briten immer noch das Allheilmittel. Ob am Morgen, am Mittag, Nachmittag oder Abend, im Stress, beim Wahlkampf oder Ehestreit. Historisch lässt sich die Vorliebe für Tee statt Kaffee allerdings nicht erklären. Die ersten Kaffeehäuser wurden 1652 eröffnet. Hier schenkte man aber auch Tee aus. Bereits um 1750 war Tee jedoch eindeutig das Hauptgetränk aller Briten. *Afternoon Tea,* von der Herzogin von Bedford 1780 erfunden, um die lange Pause zwischen Mittag- und Abendessen zu überbrücken, bedeutet hauchdünne, rindenlose Butterbrote mit dünnen Gurkenscheiben belegt, *crumpets* (Teekuchen), *scones* (eine Art Kuchenbrötchen) mit Marmelade, *buns* (Korinthenbrötchen) und dicke Sahne *(clotted cream)*. Und natürlich eine Tasse Tee.

Bild: *Perpendicular-Stil* in der Kapelle von King's College, Cambridge

STICH WORTE

BAUSTILE

Romanische Architektur wird in England meist *Norman* genannt. Die Gotik wird u. a. in *Early English* und den späten *Perpendicular-Stil* unterteilt. Manche Baustile und Epochen bezeichnenden Namen leiten sich aus den Regierungszeiten der jeweiligen Könige her. So werden beispielsweise Fachwerkbauten aus dem 16. Jh. als *Tudor* bezeichnet, entsprechend der gleichnamigen Dynastie, die zu dieser Zeit regierte. *Jacobean* nennt man Bauwerke aus der Regierungszeit von James I. (1603–1625). Viele Häuser aus dem 19. Jh. sind *Victorian,* gebaut in der Herrschaftszeit von Queen Victoria.

BED & BREAKFAST

Es gibt keine bessere Möglichkeit, die Engländer kennenzulernen, als ein *Bed & Breakfast* (B & B) zu mieten. In den Frühstückspensionen, die eher kleinen Hotels ähneln, werden Sie gut beraten. Sie erfahren, wo die besten Wanderrouten sind, wo der Pub ist, den die Einheimischen bevorzugen, und auch etwas über das Leben der Leute. Erfahrungsgemäß ist die Qualität vieler B & B höher als die von Mittelklassehotels, wenn Stilmöbel auf dem Zimmer und ein liebevoll zubereitetes Frühstück angeboten werden.

ENGLAND IN ZAHLEN

Das Land ist 130 395 km² groß und hat die höchste Bevölkerungsdichte in Großbritannien: Pro Quadratkilometer leben hier 380 Menschen. 2005 überstieg die Bevölkerung Englands erstmals die 50-Millionen-Marke. Großbritannien insgesamt hat eine Bevölkerung von ca. 60 Mio.

Die längsten Flüsse sind der Severn und die Themse (je 350 km). Im Lake District befinden sich der höchste Berg, der Scafell Pike (978 m), und der größte See, der Windermere (18 km lang).

Die Wirtschaft hat sich verändert. Statt Stahl und Kohle dominieren moderne Industriezweige (Elektronik-, Computer-, Pharmaindustrie). Über 75 % der berufstätigen Bevölkerung sind im Dienstleistungssektor beschäftigt, unter 20 % in der Industrie. Die Finanzbranche wächst kräftig, vor allem in London.

ENGLISCH ODER BRITISCH?

Die Schotten wissen es: Sie haben zwar die britische Staatsangehörig-

Lake District – Nationalpark der Superlative mit Englands höchstem Berg und größtem See

STICHWORTE

keit, fühlen sich aber als Schotten, denn seit 1707 besteht Großbritannien aus England, Schottland und Wales. Bei den Engländern wollen manche eine Identitätskrise ausgemacht haben, denn die meisten unterscheiden nicht, ob sie englisch oder britisch sind. Sie sind patriotische Briten, aber das spezifisch Englische ist schwer festzustellen. Die Begriffsverwirrung kommt Immigranten aus Asien und der Karibik zugute. Viele verstehen sich nicht als Engländer, können aber mit *britisch* etwas anfangen. Schotten und Waliser haben Teilautonomie und eigene Parlamente – eine Ungleichheit, denn das Parlament in Westminster repräsentiert alle Briten, nicht nur Engländer. Der Gedanke, für England oder englische Regionen zusätzliche Parlamente ins Leben zu rufen, fand aber bisher wenig Unterstützung.

EXZENTRIKER

Nirgendwo gibt es so viele Exzentriker wie unter den Engländern. Die englische Lyrikerin Edith Sitwell (1887–1964) gilt als die bekannteste. Sie veröffentlichte neben Avantgardepoesie auch Biografien über englische Exzentriker. Die Frage, warum es so viele Käuze ausgerechnet auf der Insel gibt, ist möglicherweise auf die ausgeprägte Klassenstruktur zurückzuführen. Man kann zwar reich werden, verändert damit aber nicht seine Klassenzugehörigkeit. Einen Weg, sich zu unterscheiden, bietet deshalb die Exzentrik. Dazu kommt sicherlich, dass die Engländer ihre Exzentriker sehr liebevoll behandeln. Sie sind keine schwarzen Schafe, sondern werden allgemein bewundert und verehrt.

HECKEN

Das Erscheinungsbild der englischen Landschaft wird seit Jahrhunderten von rund 320 000 km Hecken bestimmt. So machen „Hecken" aus Stein aus den Nationalparks im Norden eine wahre Patchworkdecke. Im Süden des Landes bekommt man auf den heckenumsäumten Landstraßen den Eindruck, durch einen grünen Tunnel zu fahren. Viele der Hecken stammen noch aus der Zeit der normannischen Eroberung. Damals wurde auch deren Höhe festgelegt: Sie beträgt genau die Höhe einer Mannesschulter, sodass ein Reiter die Hecke überspringen konnte. Die Bauern sind heute nicht besonders glücklich über diese Tradition, da sie extensive Feldwirtschaft praktisch unmöglich macht. Die Zahl der *hedgerows* geht deshalb trotz finanzieller Unterstützung seitens der Regierung jedes Jahr zurück.

HEINRICH VIII.

Der englische König (1491–1547) regierte erbarmungslos 38 Jahre lang. Doch galt er als beliebt und mit sechs Ehefrauen als Weiberheld. In Europa nannte man ihn den „Englischen Nero", sein erster Biograf bezeichnete ihn als den „gefährlichsten und brutalsten Mann der Welt". Heinrich verfügte die Trennung von der katholischen Kirche und veranlasste die Schließung von Hunderten Klöstern. Diese von Geldgier motivierte Maßnahme führte zu immensen Verlusten von Kunstschätzen. Auf seinen Befehl hin sollen 70 000 Menschen umgebracht worden sein, darunter zwei seiner Frauen.

IMPERIALE MASSE

Maße, Gewichte und Längeneinheiten waren das Einzige, was bis vor kurzem noch an die große Vergangenheit Englands erinnerte. Sie wurden lange entschlossen gegen die europäische Gleichmacherei verteidigt. Doch Unzen und Yards sind mittlerweile weitgehend verschwunden, und auch das Benzin wird auf der Insel inzwischen nicht mehr in Gallonen, sondern wie auf dem Kontinent in Litern gezapft. Nur die Meile und das Pint, für Milch und Bier als Maß benutzt, konnten die Engländer erfolgreich ins neue Jahrtausend hinüberretten.

KANALURLAUB

Vor 200 Jahren entstand ein Netz von Wasserwegen in fast allen Landesteilen. Schon im Eisenbahnzeitalter begann der langsame Verfall der Kanäle, doch in den letzten Jahren wurden sie restauriert und für Fortbewegung in gemütlichem Tempo entdeckt. Viele schlängeln sich durch liebliche Landschaft. Die hübsch bemalten *narrow-boats* kann man ohne Bootsführerschein mieten, denn bei höchstens 8 km/h darf jeder sein eigener Kapitän sein.

NATIONAL TRUST

Der 1895 gegründete Trust besitzt überall in England Schlösser, Burgen, Häuser, sogar ganze Küsten. Die gemeinnützige Stiftung mit über 3 Mio. Mitgliedern ist der größte private Grundbesitzer des Königreiches. Die Besonderheit: Die ehemaligen Besitzer leben oftmals noch auf den Anwesen. Der Grund für diese ungewohnte Nähe ist ein Gesetz aus den 1930er-Jahren. Damals beschloss das Parlament eine drastische Erhöhung der Erbschaftssteuer, wodurch es den adligen Familien sehr schwer gemacht wurde, ihre Güter zu unterhalten. Es gab für viele nur eine Möglichkeit, weiterhin in ihrem Familienanwesen zu leben: Sie schenkten ihre Häuser dem National Trust, der im Gegenzug Unterhalt und Steuern übernahm. *www.natio naltrust.org.uk*

PUB

Der Pub ist neben der Monarchie die wohl bekannteste britische Institution. Der sonst eher reservierte Engländer kommt ins Schwärmen, wenn er von seinem Pub erzählt. In den Städten findet man noch Pubs mit herrlicher Inneneinrichtung aus dem 19. Jh., aber oft sind es die ländlichen Gaststätten mit Reetdach und niedrigen Balken, mit Kaminfeuer im Winter und einem schönen Biergarten im Sommer, die zu einem langen Aufenthalt verführen. Die Qualität der Küche in englischen Kneipen hat sich übrigens spürbar verbessert.

Seit Ende 2005 ist eine überfällige Neuigkeit zu vermelden: Mit Einschränkungen der Öffnungszeiten, die noch während des Ersten Weltkriegs zur Steigerung der Produktivität eingeführt wurden, ist es endlich

> *www.marcopolo.de/england*

STICHWORTE

vorbei. Jeder Pub darf eine Lizenz für den Ausschank nach der alten Sperrzeit um 23 Uhr beantragen. Seitdem ist es in den meisten Orten möglich, bis Mitternacht zu trinken. Längst ist die Pflicht, am Nachmittag der Insel bietet den Engländern Gesprächsstoff, der unverfänglich ist und dennoch einen ersten menschlichen Kontakt herstellt. Das Wetter wird aber auch allzu gern als Vorwand für alle möglichen Unzuläng-

Fester Bestandteil des sozialen Lebens: der Pub, wie z. B. der Royal Oak Pub in London

von 15 bis 17.30 Uhr zu schließen, entfallen, haben die meisten Kneipen nachmittags geöffnet. Auch für bessere Luft wurde gesorgt, denn seit Sommer 2007 gilt ein Rauchverbot in Pubs und Restaurants.

WETTER

„Wenn sich zwei Engländer treffen, reden sie als Erstes über das Wetter", stellte schon vor über 200 Jahren der Schriftsteller Samuel Johnson fest. Die Unbeständigkeit des Wetters auf lichkeiten benutzt. So kommen die Züge zu spät, weil das Laub im Herbst, Schnee im Winter oder Regen im Frühling gefallen ist. Während das Wetter sich aufgrund der Insellage ständig verändern kann, ist das Klima eher beständig angenehm. Es ist selten richtig heiß, es wird aber auch nicht richtig kalt. Und es regnet nicht einmal so viel wie allgemein angenommen. Zwar tröpfelt es immer mal wieder, aber die Gesamtniederschlagsmenge z. B. im Raum London ist geringer als die in Mailand.

HÖHEPUNKT IST DER SPORT IM SOMMER

Skurrile Wettkämpfe und traditionsreiche Rennen

> Vermutlich gibt es kaum ein anderes Land, in dem so viele Kunstwochen, historische Prozessionen und Open-Air-Konzerte stattfinden wie in England. Besonders engagiert sind dabei die Organisationen English Heritage und National Trust, die in ihren Anwesen viele Feste organisieren *(www.artsfestivals.co.uk)*. Dazu kommen die typischen exzentrischen Feste, bei denen z.B. Käse die Berge hinuntergerollt wird.

FEIERTAGE

1. Jan. *New Year's Day;* **Karfreitag** *Good Friday;* **Ostermontag** *Easter Monday;* **23. April** *St. George's Day* (Nationalfeiertag, aber kein freier Tag); **Bank Holiday** (1. u. letzter Mo im Mai, letzter Mo im Aug.); **25. Dez.** *Christmas Day;* **26. Dez.** *Boxing Day*

FESTE UND VERANSTALTUNGEN

März
Am letzten Sonntag treten die Rudercrews der Universitäten Oxford und Cambridge auf der Themse im Westen von London gegeneinander an.

April
Das „härteste Pferderennen der Welt", das umstrittene *Grand National,* führt über 7 km und 30 Hindernisse. Es findet seit 1837 in Aintree, einem Vorort von Liverpool, statt.
Harrogate Spring Flower Show (Ende April): das Schönste der englischen Gartenkunst (Mitte Sept. Herbstshow, *www.flowershow.org.uk/*)

Mai
In Coopers Hill (Gloucestershire) findet am letzten Mo im Mai das nicht ganz ungefährliche *Käserollen* statt. Ein acht Pfund schweres Käserad wird den Berg hinuntergerollt. Die 20 Wettkämpfer werfen sich ebenfalls den Berg hinunter. Die Person, die als erste stehend unten ankommt, gewinnt den Käse.
Bath International Music Festival: Folk, Jazz, Oper und klassische Musik. Eröffnet wird mit einem Gratiskonzert im

Aktuelle Events weltweit auf www.marcopolo.de/events

> EVENTS
FESTE & MEHR

Royal Victoria Park, Bath *(www.bath musicfest.org.uk)*.

Juni
Grand Prix der Formel 1: In Silverstone bei Towcester findet der Britische Grand Prix der Formel 1 statt, ein karnevalähnliches Ereignis *(www.silverstone.co.uk)*.
Royal Ascot: Pferderennen und gesellschaftliches Highlight bei London *(www.ascot.co.uk)*
Sonnenwendefest: Stonehenge ist in der Nacht vom 21. zum 22. Juni der Pilgerort für Esoteriker und Schaulustige. Sie alle wollen dabei sein, wenn die Sonne zwischen den historischen Steinen aufgeht *(www.stonehenge.co.uk)*
Aldeburgh Festival: klassische Musik in einer ruhigen Kleinstadt an der Ostküste *(Tel. 01728/68 71 10, www.aldeburgh.co.uk)*

Juli
Henley Royal Regatta: Das Motto ist sehen und gesehen werden. Die Ruderwettkämpfe (1. Juliwoche, Henley-on-Thames) sind höchstes internationales Niveau.

August
Cowes Week: größter Segelevent vor der Isle of Wight in der ersten Augustwoche
Notting Hill Carnival: dreitägiges Spektakel der Farben, Kostüme und Musik (London, letztes Augustwochenende)
Mathew Street Festival: Beatles und mehr. Hunderttausende treffen sich am letzten Augustwochenende in Liverpool. Rund um die Mathew Street wird gesungen und getanzt *(www.mathewstreetfestival.com)*.

Insider Tipp

November
Guy Fawkes Night: Am 5. Nov. feiert man das Misslingen eines Versuchs, das Parlament in die Luft zu sprengen. Eine Strohpuppe des Verschwörers Guy Fawkes wird verbrannt, außerdem Feuerwerk. Landesweit, besonders schön in Lewes bei Brighton.

Insider Tipp

22 | 23

> KULINARISCHE VIELFALT

Chicken tikka masala contra Fish & Chips –
English breakfast und Tee behaupten sich

> Als es Napoleon nicht gelang, die Insel einzunehmen, bezeichnete er die Briten verächtlich als eine „Nation von Ladenbesitzern". Würde der Imperator heute vorbeischauen, würde er sicherlich zu dem Schluss kommen, dass die Briten ein Volk von Curryhausbesitzern sind.

Nach dem Zweiten Weltkrieg kamen viele Inder als willkommene Arbeitskräfte ins Land. Dort fanden sie eine Gewürzwüste vor und importierten kurzerhand ihre heimischen Zutaten.

Inzwischen ist die Insel „bekehrt". Nicht *Fish & Chips*, sondern *Curry* wird von vielen als Lieblingsgericht angegeben: *Chicken tikka masala* (Huhn in scharfer Sauce) – die Nummer eins unter den Currys – gefolgt von dem milderen *korma* (mit Kokos) und extrascharfen *vindaloo*. Trotzdem ist natürlich *Fish & Chips*, also paniertes Fischfilet mit Pommes, weiterhin sehr beliebt, vor allem im Norden Englands, wo sich unter der

Bild: Fish & Chips

ESSEN & TRINKEN

Panade meistens Schellfisch verbirgt. Das Angebot an Meeresfrüchten und Fisch wird immer besser. Geräucherte Fischsorten, Austern aus heimischen Gewässern, Hummer und Krebsfleisch genießt man natürlich am besten in Küstennähe.

Eine andere sehr englische, genauer kornische Spezialität ist *Cornish pasty*. Es heißt, dass die Bergarbeiter die gefüllte Blätterteigpastete als Mittagessen in das Bergwerk nahmen, doch lediglich die Füllung aßen und den Teig für die Zwerge unter Tage als Dank liegen ließen. Früher wurde vor allem roher Fisch eingebacken, heute werden über 20 verschiedene Variationen verkauft, meistens ist Fleisch mit Kartoffeln und Gemüse in der Pastete.

Mittlerweile wird es sich herumgesprochen haben, dass die lange Zeit kränkelnde englische Küche in den letzten Jahren revolutioniert wor-

24 | 25

den ist. Die Gastronomie in London kann es inzwischen mit der in New York und Paris aufnehmen. Doch nicht nur in London gibt es Restaurants auf hohem Niveau, kulinarisch verwöhnt wird man auch in Manchester, Liverpool oder selbst in ganz kleinen Orten wie Padstow.

Gut und authentisch ist die ethnische Küche dort, wo Einwanderer leben, d. h. vor allem in den Großstädten. Einfach alle Länder sind in England vertreten – von Afghanistan bis Vietnam. Um sicherzugehen, gute Küche zu bekommen – denn bis zum allerletzten Ort ist die kulinarische

> SPEZIALITÄTEN
Genießen Sie die typisch englische Küche!

Bread-and-butter-pudding – Nachtisch auf der Basis von eingeweichtem Brot, das mit Vanillepudding und Rosinen vermischt und danach gebacken wird

Cream Tea – eine britische Institution. Die *clotted cream* (dicke Sahne) wird nicht, wie von manchen irrtümlich angenommen, in den Tee getan, sondern auf die *scones* (Kuchenbrötchen) gestrichen und mit Konfitüre gekrönt *(Foto)*.

Crumbles – Früchte, meist Äpfel, Beeren oder Rhabarber, mit Streuseln belegt und im Ofen gebacken, mit Sahne oder Vanilleeis serviert

English breakfast – Erst werden zu dieser gehaltvollen Mahlzeit Cornflakes, Joghurt und Obst serviert. Danach isst man zusammen mit einem Toast *bacon* (gebratener Schinkenspeck), *baked beans* (weiße Bohnen, meistens mit Tomatensauce), *black pudding* (gebratene Blutwurst), *grilled tomato* (gegrillte Tomate), *fried eggs* (Spiegelei), *mushrooms* (gegrillte Champignons), *sausages* (gebratene Würstchen) und *scrambled eggs* (Rührei). Danach gibt es einen weiteren Toast mit *jam* (Marmelade) und *marmalade* (Konfitüre aus Zitrusfrüchten) und viel Tee – immer öfter aber auch guten Kaffee

Roast with mint sauce and Yorkshire pudding – Traditionelles Sonntagsessen. Es kann Rinder-, Schweine- oder Lammbraten sein. Zum Lamm wird eine Sauce aus frisch gehackten Minzblättern und Essig gereicht.

Shepherd's pie – Lammhackfleisch in Sauce mit Kartoffelbrei überbacken

Steak and kidney pie – Pastete gefüllt mit Steakscheiben und Nierchen in Bratensoße

Summer pudding – Eine Schüssel wird mit in Saft getränktem Brot ausgelegt. Darauf kommen Beeren und Sahne

ESSEN & TRINKEN

Revolution natürlich noch nicht vorgedrungen –, sollten Sie sich den *Good Food Guide England* kaufen. Und noch eines: Obwohl es allein in London 8000 Restaurants geben soll, empfiehlt es sich, den Tisch für den Abend telefonisch zu reservieren. Die Öffnungszeiten der Restaurants sind recht individuell. Es ist ratsam, anzurufen. Viele der besseren Lokale haben am Sonntag und Montag geschlossen. Außerhalb der Großstädte, vor allem sonntags, schließen Gaststätten oft überraschend früh. Man sollte sich bis 20 Uhr einen Tisch gesichert haben. Mittags werden in vielen Lokalen keine Bestellungen nach 14 Uhr entgegengenommen.

Die Briten wissen, dass sie mit ihrer Küche viele Jahre hindurch wenig zu bieten hatten, doch haben sie immer einen hervorragenden Standard gehalten: bei den Nachtischen, den *puddings*. Die Bezeichnung *pudding* hat übrigens nichts mit dem deutschen Pudding zu tun, sondern ist eher ein Sammelbegriff für Nachspeisen, die an Aufläufe erinnern.

Die Restaurantpreise sind auf der Insel ausgesprochen hoch. Es gibt jedoch einige Möglichkeiten, die Rechnung niedriger zu halten. Meist liegen die Mittagspreise weit unter denen am Abend. Auch werden dann Menüs angeboten, die wesentlich billiger sind als à la carte.

Die Speisekarte *(menu)* ist normalerweise in kalte und warme Vorspeisen *(starter)*, Hauptgerichte *(main dishes)* und Nachspeisen *(desserts)* unterteilt. Das ist einfach. Nicht so einfach ist es manchmal auszurechnen, was Sie letztendlich zahlen werden. In manchen Restaurants müssen

Englisches Bier: immer randvoll gefüllt, zu ½ Pint oder 1 Pint

Sie zusätzlich zum eigentlichen Preis die Mehrwertsteuer von 17,5 % einrechnen, in anderen wird pro Rechnung *(bill)* eine *service charge* von 12,5 % hinzugezählt. In dem Fall brauchen Sie dann jedoch kein Trinkgeld mehr zu geben, das sich normalerweise zwischen 10 und 15 % bewegt. Kein Trinkgeld wird in den Pubs gegeben. Der Kunde holt sich dort alles am Tresen. Noch ein Wort zum Bier. Ausgeschenkt wird es in *pints* (0,568 l). Das Bier wird unterschieden in *lager* (Helles) und *bitter* (Dunkles). Ein stärkeres Dunkelbier heißt *stout*. In vielen kleinen Orten wird *real ale* – das wahre Bier – verkauft, das fast gar nicht mit Kohlensäure versetzt ist, sodass es zum Zapfen mit der Hand gepumpt wird.

TRENDIGES UND TRADITIONELLES

Die neuesten Modekreationen finden Sie ebenso auf der Insel wie feines Silber und überraschend gute Lebensmittel

ANTIQUITÄTEN

Für Liebhaber von Antiquitäten ist England eine besonders gute Adresse. Die Engländer selbst investieren ihr Geld vor allem in Möbel und Uhren. Touristen werden sich eher nach silbernen Gegenständen, etwa Kannen, Zuckerdöschen, Bilderrahmen oder Besteck umschauen. Auch das Porzellan der berühmten Manufakturen Doulton, Spode oder Wedgwood ist eine stilvolle Erinnerung an den Urlaub.

GARTENCENTER

Engländer lieben ihre Gärten. Entsprechend gut ist das Angebot an Pflanzen, Samen und Produkten rund um den Garten in den vielen Garden Centres.

GIFT SHOPS

Auffällig beim Sightseeing sind die vielen Gift Shops, die Souvenirläden: keine Kathedrale, keine Burg, kein Herrensitz ohne Geschenkladen, wo es neben buntem Nippes auch gute Kleidungsstücke (Schlipse, T-Shirts), Bücher, Glas und Geschirr und leckere Mitbringsel wie Marmelade oder Chutney gibt.

KÄSE

Besonders stolz sind die Engländer auf ihre Käsekultur. Eine enorm große Auswahl gibt es bei Fortnum & Mason in London. Bekannt sind auch Neil's Yard Dairy in Covent Garden und die Läden im westlichen Cheddar, wo der berühmte Cheddarkäse mit seiner charakteristischen goldgelben bis orangen Farbe zu Hause ist. Viele halten den Blauschimmelkäse Stilton aus Ostengland für die edelste Sorte, aber jede Region hat ein eigenes Erzeugnis.

KOSMETIKA

Kosmetika von der Insel sind begehrt. Namen wie Crabtree & Evelyn stehen für Badesalze, Lavendelseifen und nette Potpourris. In den letzten Jahren sind die Naturprodukte der Firma Lush aus Poole der absolute Renner. Sie überrascht unter anderem mit Linsenshampoo und Mandelbuttercreme.

> EINKAUFEN

MODE

Modern und kreativ gestaltete Modegeschäfte rangieren ganz vorn in der Gunst der Shopper. Es gibt nicht einen berühmten Designer, der nicht in der Londoner Sloane Street, Bond Street oder in der immer begehrteren Conduit Street vertreten ist. Auch wer das Kleingeld für bekannte Label nicht hat, muss darauf nicht verzichten. Secondhandshops für Designerwaren und die Basare in London (Camden und Bermondsey Market), die Lanes in Brighton, die Märkte in Bath und Chipping Norton in den Cotswolds sind ergiebig. Ausgefallene Mode für Junge und Mutige ist in den Großstädten zu finden, beispielsweise im Northern Quarter von Manchester und um Spitalfields Market und Brick Lane im Osten von London.

Noch nie aus der Mode gekommen sind die berühmten wetterfesten Barbourjacken. Es gibt sie in den Kaufhäusern John Lewis oder Debenham. Als feinstes Kaufhaus gilt Harvey Nichols. Das Haupthaus befindet sich in London, Filialen wurden bereits in Leeds und Manchester eröffnet.

SECONDHANDSHOPS

Die Engländer beklagen, dass in vielen Stadtzentren das einheitliche Angebot der großen Ketten überwiegt. Mancherorts stimmt es leider. Abwechslung bieten die Secondhandläden. Hier gibt es Kleidung, Porzellan, Bücher, CDs und DVDs zu Schnäppchenpreisen – und wenn man nichts findet, dann bringt das Stöbern echte Einblicke in die Gewohnheiten der Engländer.

SPEZIALITÄTEN

Die großen Supermärkte haben viele Lebensmittelgeschäfte und Wochenmärkte verdrängt, doch gibt es eine Gegenbewegung: Feine Delikatessenläden verkaufen Spezialitäten der Gegend. Selbstversorger sollten nach den Farmer's Markets Ausschau halten, wo einmal oder zweimal im Monat Produkte aus der unmittelbaren Umgebung von den Erzeugern selbst verkauft werden.

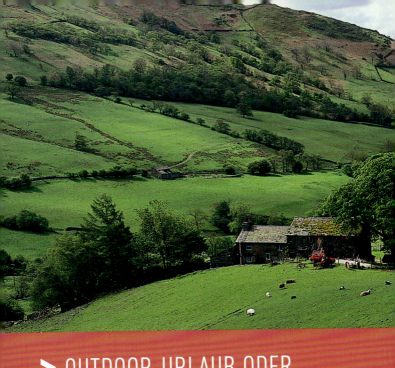

> OUTDOOR-URLAUB ODER PARTYTIME

Der Norden hat viel zu bieten: Naturlandschaften, Burgen und hippe Szenetreffs in einstigen Industriezentren

> **Der Norden Englands ist weltweit bekannt: als Wiege der industriellen Revolution, als Geburtsort der Eisenbahn, als Heimat der Beatles und berühmter Fußballclubs wie Manchester United.**

Vor allem aber die Natur, eine Mischung aus spektakulären Landschaften und phantastischer Küste, zieht viele Besucher an. Der Landstrich mit dem malerischen Lake District, den verlassenen Moorlandschaften der Pennines, zerklüfteten Küsten mit zahlreichen Burgen und in den Tälern liegenden Klosterruinen hat eine Unmenge zu bieten. Fünf Nationalparks machen den Norden Englands zudem zur perfekten Destination für einen gelungenen Outdoor-Urlaub. Und auch die einstigen Industriezentren sind heute interessante Ziele. Musik und Kultur, Shopping und Partys bestimmen die Szene in Manchester, Liverpool, Leeds und Newcastle, sodass sich auch urbane

Bild: Lake District, Ambleside, Kirkstone Pass

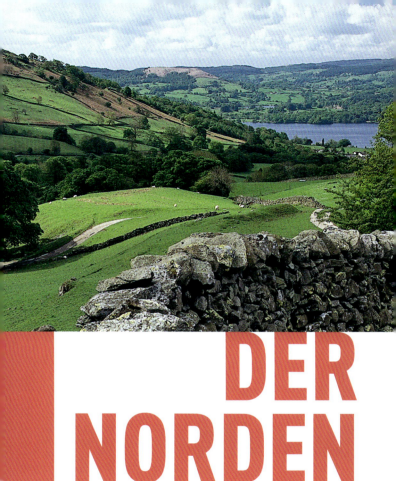

DER NORDEN

Typen im Norden nicht verloren fühlen. Doch auch wenn die Zeit rauchender Fabrikschlote lange vorbei ist – in Liverpool wird heute beispielsweise ein Großteil der Gesamtproduktion der japanischen Computerspiele hergestellt –, hat der Norden seine Vergangenheit nicht einfach begraben. Die Region präsentiert ihr industrielles Erbe in vielen anschaulich gestalteten Museen und Freilichtparks: Quarry Bank Mill bei Manchester beispielsweise zeigt mit der Maschinerie einer 200 Jahre alten Textilfabrik die Geschichte dieser Industrie und der Arbeitsverhältnisse dort *(www.quarrybankmill.org.uk)*. Und im 120 ha großen Open-Air-Museum in Beamish wird das Leben um 1913 detailgetreu wiedergegeben. Zum erlebbaren Erbe gehören auch ehrwürdige Domstädte wie York und Durham mit ihren herrlichen Kathedralen und historischen

30 | 31

DURHAM

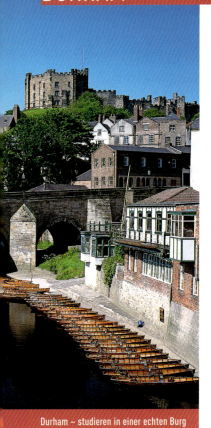

Durham – studieren in einer echten Burg

Stadtkernen sowie die traditionsreichen Badeorte wie Whitby, die ein eigenes Flair besitzen.

DURHAM

[133 E5] **Beeindruckend ist die Lage der Kathedrale von Durham (83000 Ew.) auf einer felsigen, fast vollständig vom Fluss Wear umschlossenen Halbinsel.** Hier bauten Mönche aus Lindisfarne, durch Übergriffe der Wikinger von ihrem Inselkloster vertrieben, im Jahr 995 eine sichere Ruhestätte für die Gebeine des hl. Cuthbert. Auch William der Eroberer war von diesem Ort begeistert. Er war ein idealer Standort für die Herrschaft über Northumberland und gutes Bollwerk gegen die Schotten. William ließ deshalb 1071 auf dem Felsen eine Burg erbauen, die gemeinsam mit der später (1093) errichteten Kathedrale heute zum Weltkulturerbe gehört. Die Studenten der Universität – nach Oxford und Cambridge die älteste des Landes – sorgen dafür, dass die Stadt nicht nur vom Tourismus geprägt ist, sondern ein attraktives Eigenleben bewahrt. Spaziergänge und Ruderpartien am River Wear sind eine beliebte Sommerbeschäftigung.

▶ SEHENSWERTES
BURG
Weit weg von London hatten die Fürstbischöfe besonders viel Macht. Die Burg war bis 1832 der Palast der Bischöfe, von hier aus regierten sie das Land wie Könige. Im 19. Jh. wurde die Universität von Durham gegründet, und Durham Castle wurde das erste College. Auch heute wohnen hier Studenten, sind zum Abendessen in der Great Hall (1284) anzutreffen. *Führungen Ostern–Sept. tgl., Okt.–Feb. Mi, Fr, Sa, So, Zeiten variieren | Infos u. Tickets beim Pförtner und unter Tel. 0191/334 38 00 | Eintritt £ 5*

KATHEDRALE ★
Die Kathedrale von Durham ist nicht nur die besterhaltene und größte normannische Kirche Englands, es gibt hier auch viel zu sehen: Gleich am

> *www.marcopolo.de/england*

DER NORDEN

Nordwestportal hängt ein Türklopfer in Form eines großen Löwenkopfes. Schafften es die Kriminellen im 12. Jh., diesen zu erreichen, erteilten ihnen die Benediktinermönche Asyl. Der original Türklopfer wird heute im Domschatz aufbewahrt, wo sich auch der Sarg des hl. Cuthberts befindet. Nicht verpassen: Der Knabenchor der Kathedralschule singt während des Abendgottesdienstes *(Di–Sa um 17.15, So um 15.30 Uhr). Mo–Sa 9.30–18, So 12.30–17 Uhr*

ESSEN & TRINKEN

ALMSHOUSE CAFÉ
Mittelalterliches Haus, moderne Küche. Alles sehr lecker: von Mohrrübenkuchen bis zu französisch angehauchten Gerichten. *Palace Green | Tel. 0191/386 10 54 | €*

HIDE CAFÉ BAR
Beliebtes Lokal mit guter Stimmung, für Frühstück und Abendessen gleichermaßen empfehlenswert. Geboten wird französische und Mittelmeerküche. *39 Sadler Street | Tel. 0191/384 19 99 | €–€€*

ÜBERNACHTEN

THE CASTLE
Insider Tipp

Wer wie einst die Bischöfe Durhams nächtigen möchte, kann das in der Bishop's Suite oder der Chaplain Suite tun. Umgeben von antiken Möbeln und beim englischen Frühstück, das vom Porter serviert wird, fühlt man sich um Jahrhunderte zurückversetzt *(2 Zi. | Palace Green | Tel. 0191/334 41 06 | Fax 374 74 70 | €€€).* Bescheidener und billiger ist die Übernachtung in einem der 160 Studentenzimmer *(40 DZ, 120 EZ | Tel. 0191/334 41 06 | Fax 374 74 70 | www.durhamcastle.com | €–€€).*

60 ALBERT STREET
Ruhig gelegenes B & B in Bahnhofsnähe. Gutes Frühstück, drei komfortable Zimmer. *Western Hill | Tel. 01913/86 06 08 | Fax 70 91 39 | www.sixtyalbertstreet.co.uk | €€*

AUSKUNFT

TOURIST INFORMATION CENTRE (TIC)
Millennium Place | Tel. 0191/384 37 20 | Fax 386 30 15 | www.durhamtourism.co.uk

MARCO POLO HIGHLIGHTS

⭐ **Beatles-Tour**
Liverpool: Mekka aller Beatles-Fans (Seite 37)

⭐ **Kathedrale**
Keine Kathedrale in England liegt schöner als die von Durham (Seite 32)

⭐ **Hadrian's Wall**
Eindrucksvolle Überreste des größten römischen Monuments auf britischem Boden (Seite 45)

⭐ **Fountains Abbey**
Romantische Klosterruine aus dem 12. Jh. (Seite 47)

⭐ **Holy Island – Lindisfarne**
Heilige Insel, die nur bei Ebbe zu erreichen ist (Seite 45)

⭐ **National Railway Museum**
Das Museum in York ist nicht nur für Eisenbahnfreaks faszinierend (Seite 46)

LAKE DISTRICT

LAKE DISTRICT

[129 D–E 1–2] Viele Engländer meinen, dass der Lake District der schönste Teil des Landes ist. Mit seinen 16 großen Seen, Wasserfällen, gewundenen Straßen, die an netten Dörfern mit blumengeschmückten Steincottages und Schieferhäusern entlangführen, zeigt der größte Nationalpark Englands die Insellandschaft sowohl von ihrer lieblichen als auch von ihrer schroffen Seite. In die nur 42 × 50 km große Seenlandschaft zieht es allsommerlich viele Touristen. Doch wenn Sie die Wochenenden und die Hauptstraßen meiden, können Sie durch Berge *(fells)* und saftige grüne Täler auch heute „einsam wie eine Wolke" wandern, genau so, wie es der Romantiker und Hofdichter William Wordsworth (1770 bis 1850) einmal beschrieb *(www.go lakes.co.uk)*.

ORTE IM LAKE DISTRICT

BOWNESS-ON-WINDERMERE   [129 E2]
Bowness-on-Windermere (8300 Ew.) liegt direkt am Windermere, dem größten See Englands. Auf einer 40-minütigen Seerundfahrt *(£ 7,60)* bekommen Sie einen Überblick über den Windermere, die vielen kleinen Inseln und lauschigen Buchten. Im Ort selbst werden in *The World of Beatrix Potter* die Geschichten der berühmten britischen Kinderbuchautorin Beatrix Potter (1886–1943) in einer nachgebauten Lakelandschaft lebendig *(The Old Laundry | Crag Brow | tgl. 10–17.30 Uhr | Eintritt £ 6 | www.hop-skip-jump.com)*. In Windermere gibt es zahlreiche Unterkünfte, z.B. *Linthwaite House*. Es

gilt als eines der romantischsten Hotels Englands *(26 Zi. | Crook Road | Tel. 015394/886 00 | Fax 886 01 | www.linthwaite.com | €€€)*. Außerdem: *The Archway*, viktorianisches Haus mit gutem Frühstück, nahe am See *(4 Zi. | 13 College Road | Tel./ Fax 015394/456 13 | www.archway windermere.co.uk | €)*. Auskunft: TIC | Glebe Road | Tel. 015394/428 95

GRASMERE   [129 E1]
Grasmere (2700 Ew.) ist ein Bilderbuchdorf mit vielen kleinen Cafés und Pensionen. Der Dichter William Wordsworth ist hier allgegenwärtig. *Dove Cottage* widmet sich mit vielen Erinnerungsstücken dem Leben des Poeten *(tgl. 9.30–17.30 Uhr | Eintritt £ 6,50)*, auf dem Friedhof der Kirche St. Oswald's ist er begraben. Putzig der *Gingerbread-Shop*. Seit 1854 wird in dem kleinen Gebäude aus dem Jahr 1660 englischer Pfefferkuchen verkauft.

KESWICK   [129 D1]
Keswick (5000 Ew.) ist eine hübsche Marktstadt mit guten Pubs und Teehäusern. Kehren Sie im *Twa Dogs* ein, das nach einem Gedicht des schottischen Nationaldichters Robert Burns benannt wurde. Interessant das *Bleistiftmuseum (Pencil Museum | tgl. 9.30–17 Uhr | Eintritt £ 3)*. Grafit wird seit dem 16. Jh. in den hiesigen Bergwerken abgebaut und heute zur Herstellung von Bleistiften verwendet. Keswick ist ein idealer Ausgangspunkt, um den ruhigeren nördlichen Teil des Nationalparks zu erkunden. Die schönste Route führt südlich am Derwent Water und durch Borrowdale über den Honister Pass

> www.marcopolo.de/england

DER NORDEN

Naturerlebnis im Lake District, dem größten Nationalpark Englands: Crummock Water

zum kleinen See Buttermere. Der 5000 Jahre alte Steinkreis *Castlerigg Stone Circle* liegt wunderschön zwischen den Bergen (3 km östlich, abseits der A66). Bequeme Unterkunft in altem Gemäuer, schön gelegen, einige Kilometer außerhalb: *Cottage in the Wood | 9 Zi. | Braithwaite | Tel. 017687/784 09 | www.thecottagein thewood.co.uk | €€*. In der Stadt: *Badgers Wood (6 Zi. | 30 Stranger Street | Tel./Fax 017687/726 21 | www.badgers-wood.co.uk | €)*. Auskunft: *TIC | Moot Hall | Market Place | Tel. 017687/726 45*

LEEDS

[130 B4] Leeds (455 000 Ew.) hat sich in den letzten Jahren stark gewandelt, nach London ist es zurzeit das größte Finanzzentrum des Landes. Im Stadtbild ist das nicht zu übersehen. In der *New Market Street* bieten in der ehemaligen Getreidebörse (Corn-Exchange) international bekannte Designer ihre topmodische Ware an. Und der Londoner Nobelladen Harvey Nichols hat hier eine Außenstelle. Das Kaufhaus Flannels zieht Designbewusste an, schön sind die historischen Einkaufspassagen am *Briggate* und die Markthalle *Kirkgate Market*. Die vielen Clubs haben dazu beigetragen, den Ruf von Leeds als Partystadt zu etablieren.

■ SEHENSWERTES

HAREWOOD HOUSE
Eines der großen Herrenhäuser des Landes, ab 1759 erbaut und noch im Besitz des Grafen von Harewood. Erlesene Möblierung und Gemälde, großer Landschaftspark. *12 km nörd-*

LIVERPOOL

lich der Stadtmitte | Ostern–Okt. tgl. 11–15.30 Uhr | Eintritt £ 13.50

LEEDS INDUSTRIAL MUSEUM
In Armley Mills am Fluss Aire, der ehemals größten Fabrik der Welt für Wolltuch, zeigt die Stadt ihre industrielle Vergangenheit. *Di–Sa 10–17, So 13–17 Uhr | Eintritt £ 3 | Canal Road*

ROYAL ARMOURIES MUSEUM
Nationales Waffenmuseum zur 3000-jährigen Geschichte von Waffen und Rüstungen. Vorführungen, Events in historischen Kostümen und spektakuläre Exponate, die im überfüllten Tower of London nicht mehr ausgestellt werden konnten. *Tgl. 10 bis 17 Uhr | Eintritt frei | Clarence Dock | Waterfront*

ESSEN & TRINKEN
ANTHONY'S RESTAURANT
Gastronomiekritiker preisen Anthony Flinn als besten jungen Koch des Landes. *19 Boar Lane | Tel. 0113/245 59 22 | mittags €€, abends €€€.* Oder probieren Sie das Luxusfrühstück in seiner Filiale im Kaufhaus Flannels *(68 Vicar Lane, €).*

Insider Tipp

ÜBERNACHTEN
42 THE CALLS 🔊
Eine zum Hotel umgebaute viktorianische Getreidemühle. Luxuriös, direkt am Fluss mit einem guten Restaurant *(€€). 41 Zi. | 42 The Calls | Tel. 0113/244 00 99 | Fax 234 41 00 | www.42thecalls.co.uk | €€€*

AM ABEND
Das Nachtleben findet v. a. in den ▶▶ Clubs statt, wie *Atrium (6 The*

Grand Arcade) und *Creation (55 Cookridge Street),* in denen Funk und Soul, Hip-Hop, Hard House und Garage geboten werden. Cool für Cocktails: *Mojo (18 Merrion St.).*

AUSKUNFT
TOURIST INFORMATION CENTRE (TIC)
Bahnhof Leeds | Tel. 0113/242 52 42 | Fax 246 82 46 | www.leedsliveitloveit.com

ZIEL IN DER UMGEBUNG
SALTAIRE   [130 B4]
Insider Tipp

Inspiriert von den utopischen Sozialisten, baute Sir Titus Salt, seinerzeit einer der reichsten Tuchfabrikanten der Region, im 19. Jh. einen Musterort für seine Arbeiter: aus hellem Sandstein mit Gärten, Kirchen, jedoch ohne Pubs. In den ehemaligen Webereien 25 km nordwestlich von Leeds (Vorort von Bradford) lockt heute die größte ständige *David-Hockney-Ausstellung (tgl. 10 bis 18 Uhr | Eintritt frei).* Hockney, 1937 im nahe gelegenen Bradford geboren, gilt als der berühmteste lebende englische Maler. Die Fabrik beherbergt auch Restaurants *(Salts Mill | Tel. 01274/53 11 63Diner | €)* und einige schicke Geschäfte. *Victoria Road | Tel. 01274/53 11 63 | www.saltsmill.org.uk*

LIVERPOOL
[129 E5–6] Liverpool (510 000 Ew.) ist der heilige Ort aller Beatles-Pilger. John, Paul, George und Ringo kommen aus der Stadt am Mersey. Hier befindet sich die Penny Lane, steht die Statue der einsamen Eleanor Rigby, gab es das Kinderheim Strawberry Fields. Mit

> **www.marcopolo.de/england**

DER NORDEN

Blick auf die Wahl Liverpools zur europäischen Kulturhauptstadt 2008 wurde viel getan, um das Hafenviertel und die Innenstadt herauszuputzen. Sehenswert sind außerdem die beiden im 20. Jh. gebauten Kathedralen, die römisch-katholische ein innovatives Betonzelt mit schönen Glasmalereien, die anglikanische konservativ neugotisch, imposant mit hohem Turm.

■ SEHENSWERTES

ALBERT DOCK

Die ehemaligen Lagerhäuser aus dem 19. Jh. sind heute ein attraktives Freizeitviertel. In der Hafenanlage aus Backstein und Gusseisen befinden sich die Ausstellung *„The Beatles Story"*, das *Maritime Museum* mit Originalteilen der Titanic und faszinierenden Geschichten zur Entwicklung des Zolls, zu Seefahrt und Seehandel, ein *Museum der Geschichte der Sklaverei,* auf deren Grundlage Liverpool zu Reichtum gekommen ist, sowie eine Außenstelle der Londoner *Tate Gallery* mit moderner Kunst *(www.tate.org.uk)*. Außerdem Geschäfte, Restaurants und Bars, die auch abends geöffnet sind. *Museen tgl. 10–17 Uhr, nur Tate Gallery Mo geschl. | alle Museen kostenlos außer „The Beatles Story" | Eintritt £ 10 | www.albertdock.com*

BEATLES-TOUR ★

Von besonderer Bedeutung für die Karriere der Beatles ist eine Haltestelle der *Magical Mystery Tour (tgl. 14.10 Uhr | Abfahrt Albert Dock | Preis £ 12,95 | Tel. 0151/233 24 59)* – der Jacaranda-Club. Im Sommer

Früher Hafenanlage, heute Kulturzentrum und In-Viertel: Albert Dock mit dem Liver Building

LIVERPOOL

1960 haben die Beatles hier zum ersten Mal öffentlich gespielt. Das Lokal ist jetzt eine stimmungsvolle Bar *(21 Slater Street | Tel. 0151/ 707 82 81).* In der Mathew Street gibt es interessante Plattenläden, Pubs und den nach dem Abriss originalgetreu wieder aufgebauten *Cavern Club (Tel. 0151/236 19 65 | www.cavernclub.org),* in dem die Beatles 294-mal aufgetreten sind. In den Vororten können Fans die Häuser besuchen, in denen John Lennon und Paul McCartney ihre Kindheit verbrachten *(nur mit telefonischer Voranmeldung: April–Okt. Mi–Sa | Tel. 0151/714 27 72 31).*

MERSEY FERRIES

Von Liverpool aus sind Millionen Menschen in die Neue Welt ausgewandert. Heute befördern die Fähren hauptsächlich Touristen. Auf der Fahrt (50 Min.) bekommen Sie einen guten Blick auf die historischen Gebäude des Hafenviertels. *Tgl. ab 10 Uhr | Pier Head | Tel. 0151/ 330 14 44 | £ 5,10*

WALKER ART GALLERY

Eine der besten britischen Kunstsammlungen mit Werken früher italienischer und flämischer Meister. Die englische Schule der Präraffaeliten (19. Jh.) ist auch gut vertreten. *Tgl. 10–17 Uhr | Eintritt frei | William Brown Street | www.liverpool museums.or.uk*

ESSEN & TRINKEN

THE QUARTER

Von Studenten frequentiertes Café. Pasta-Gerichte und gute knusprige Pizza, kreativer als die übliche Auswahl an Pizzasorten. *7 Falkner Street | Tel. 0151/707 19 65 | €*

SIMPLY HEATHCOTES

Moderne Versionen von traditionellen britischen Gerichten in hoher Qualität. *Beetham Plaza | 25 The Strand | Tel. 0151/236 35 36 | €€*

Auf den Spuren der großen Vorbilder: Livemusik im Cavern Club in der Mathew Street

DER NORDEN

60 HOPE STREET
In einem schön renovierten alten Wohnhaus befindet sich das vielleicht beste Restaurant der Stadt. *Tel. 0151/707 60 60 | www.60hopestreet. com | mittags €€, abends €€€*

YUET BEN
Eine der besten Adressen in Chinatown (Gegend um Nelson Street und Berry Street). *1, Upper Duke Street | Tel. 0151/709 57 72 | €€*

■ EINKAUFEN
PROBE RECORDS
Legendärer Plattenladen. Kultzentrum der alternativen Musikszene in den 1980ern. Elvis Costello war hier Stammkunde. *9 Slater Street*

WADE SMITH
Armani, Paul Smith, D & G und viele andere Designerklamotten ausgebreitet über fünf Etagen. Wem das zu teuer ist, der kann nebenan Restposten zu Schleuderpreisen erwerben. *Mathew Street*

■ ÜBERNACHTEN
HOPE STREET HOTEL
Schicker, sehr komfortabler Umbau einer Fabrik aus dem Jahr 1860: moderne Holzeinrichtung, alte Backsteinmauern. Das Restaurant *London Carriage Works* (€€ – €€€) ist ausgezeichnet. *48 Zi. | 40 Hope Street | Tel. 0151/709 30 00 | Fax 709 24 54 | www.hopestreethotel.co.uk | €€€*

IBIS
Im Zentrum der Stadt, gegenüber den Albert Docks. *127 Zi. | 27 Wapping | Tel. 0151/706 98 00 | Fax 706 98 10 | www.ibishotel.com | €*

■ AM ABEND
FACT ▶▶ 🔊
Kino, Galerien für Videokunst, neue Medien: der Treffpunkt der progressiven Kunstszene in der Stadt. *88 Wood Street | Tel. 0151/ 707 44 50 | tgl. 11–23 Uhr | www.fact.co.uk*

HOPE STREET
In der Hope Street gibt es gute Restaurants, z. B. das *Everyman Bistro* (Nr. 5 | €). 🔊 *Philharmonic* nennt sich der wohl dekorativste Pub im ganzen Land (Marmortoiletten).

Insider Tipp

SOCIETY
The Cavern Club ist für Oldies – das tanzbegeisterte junge Liverpool geht ins *Society. 64 Duke Street | Tel. 0151/707 35 75*

■ AUSKUNFT
TOURIST INFORMATION CENTRE (TIC)
Queen Square und *Albert Dock | Tel. 0151/233 20 08 | Fax 707 09 86 | www.visitliverpool.com*

MANCHESTER

[129 F5] **Manchester (460 000 Ew.) ist weltweit immer noch als Industriestadt bekannt, die ihren Zenit im 19. Jh. erlebte.** Dieses Image ist jedoch lange überholt. In den letzten Jahren hat sich Manchester mächtig gemausert. Das Einkaufsviertel um St. Ann's Square wird immer schicker, die Gastronomieszene immer besser. Neue Museen wurden eröffnet und alte renoviert, die neu herausgeputzte Stadtmitte überrascht mit Architektur aus dem 19. Jh. (z. B. das Rathaus am Albert Square). Vor allem aber ist Man-

MANCHESTER

chester Heimat des legendären Fußballclubs Manchester United, dessen Stadion Touristenmagnet ist. Inselweit ist Manchester ebenso berühmt für sein Gayviertel um die ▶▶ *Canal Street*. Hier wurden Lagerhallen in hypermoderne Apartments umgebaut. Entlang dem Kanal haben sich in den letzten Jahren viele moderne Cafés, Clubs und Restaurants angesiedelt, die bis in den frühen Morgen geöffnet haben. Am Wochenende geht hier die Post ab, so beliebt ist das „pinke Viertel" inzwischen.

■ SEHENSWERTES
MANCHESTER UNITED FOOTBALL CLUB
Der Fußballclub gehört weltweit zu den berühmtesten Markennamen. Spielt die Mannschaft in der Stadt, kommen Tausende Besucher aus der ganzen Welt zum Match. Es gibt ein Clubmuseum, und es werden Führungen durch das Stadion angeboten. *Museum und Führungen tgl. 9.30–17 Uhr | Kombiticket £ 10 | Reservierung empfohlen | Tickets für Spiele und Führungen: Tel. 0870/442 19 68 | www.manutd.com*

MUSEUM OF SCIENCE AND TECHNOLOGY
Erbaut um die 1975 stillgelegte älteste Eisenbahnstation der Welt. Der Knüller der Ausstellung ist die *Power Hall* mit der weltgrößten Sammlung von Dampfmaschinen. Ein Museum zum Anfassen und Ausprobieren. *Tgl. 10–17 Uhr | Eintritt frei | Lower Byron Street | www.msim.org.uk*

QUARRY BANK MILL
Die Austellungen in der 200 Jahre alten Baumwollspinnerei stellen die frühen Tage der Industrierevolution dar. *Styal | Wilmslow | tgl. 11–17 Uhr | Eintritt £ 9*

SALFORD QUAYS
Der alte Binnenhafen im Stadtteil Salford hat mit zwei Attraktionen ein ganz neues Image bekommen. Das *Imperial War Museum North (Tel. 0161/836 40 00 | www.iwm.org.uk | Eintritt frei),* ein spektakuläres Werk des international renommierten Daniel Libeskind, beschäftigt sich auf sensible Weise mit dem Thema „Mensch und Krieg".

Nebenan erhebt sich das hypermoderne Kulturzentrum *The Lowry* mit zwei Galerien, zwei Theatern, Restaurants und Bars wie ein Riesendampfer über den Docks. Der Komplex ist nach dem Künstler L.S. Lowry (1887–1976) benannt, der Industrieszenen aus der Gegend um

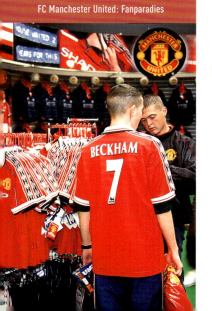

FC Manchester United: Fanparadies

DER NORDEN

Manchester malte. *Pier 8 | Salford Quays | Galerien So–Fr 10–17, Sa 11–17 Uhr; Theater Tel. 0870/ 787 57 80 | www.thelowry.com*

■ ESSEN & TRINKEN
CHINATOWN UND CURRY-MEILE
Im Chinatown zwischen Princess und Charlotte Street stehen viele Lokale zur Auswahl, z. B. *Red Chilli (70 Portland Street | Tel. 0161/ 236 28 88 | €),* würzige Gerichte aus Szechuan. An der *Wilmslow Road* („Curry-Meile") südlich der Stadtmitte reihen sich preiswerte indische Restaurants aneinander.

KOH SAMUI
Manchesters beste Adresse für die in England sehr beliebte Thai-Küche. Stärken: Meeresfrüchte, vegetarische Gerichte. *16 Princess Street | Tel. 0161/237 95 11 | €–€€*

■ EINKAUFEN
NORTHERN QUARTER UND DEANSGATE
Die junge Szene kleidet sich ein im Northern Quarter um die ▶▶ *Oldham Street.* Etablierter sind das alteingesessene Kaufhaus *Kendals* (Deansgate) und das exklusive *Harvey Nichols* am Exchange Square.

■ ÜBERNACHTEN
REMBRANDT HOTEL
Hotel direkt in Gay Village, worauf man bei der Reservierung auch diskret hingewiesen wird. *20 Zi. | 33 Sackville Street | Tel. 0161/236 13 11 | www.rembrandtmanchester.com | €*

ROSSETTI HOTEL
Extravagante Einrichtung in der schlichten Architektur eines zentral gelegenen umgebauten Lagerhauses. Das Hotel ist cool, hip und passt bestens zur neuen Szene in Manchester. *61 Zi. | 107 Piccadilly | Tel. 0161/ 247 77 44 | Fax 247 77 47 | www.hotelrossetti.co.uk | €€€*

■ AM ABEND
BRIDGEWATER HALL
Die für ihre besonders gute Akustik bekannte, auf Federn gelagerte Konzerthalle ist Heimat des Halle Orchesters, das von der deutschen Gemeinde Manchesters gegründet wurde, um im Ausland heimische Musik genießen zu können. Das dazugehörige Restaurant bietet ausgezeichnetes und sehr preiswertes Mittagessen an. *Lower Mosley Street | Tel. 0161/907 90 00 | €*

Faszinierend: das Imperial War Museum

MANCHESTER

CASTLEFIELD
Im sanierten Viertel aus der Frühindustrialisierung haben sich Kneipen und Restaurants am Kanalbecken angesiedelt. V.a. durch die Außengastronomie im Sommer ist hier viel los.

ROYAL EXCHANGE THEATRE
Im imposanten Gebäude der ehemaligen Baumwollbörse wurde ein modernes Theater eingerichtet – sehenswert, auch wenn man nicht zu einer Vorstellung geht. *Kartenvorbestellung: Tel. 0161/833 98 33*

VIA FOSSA
Eine labyrinthähnliche Bar im pinken Viertel, in der Sie essen (€€) und tanzen und sich am DJ erfreuen können, und das bis 2 Uhr morgens. *Fr/Sa | 28–30 Canal Street | Tel. 0161/236 65 23*

◼ AUSKUNFT
TOURIST INFORMATION CENTRE (TIC)
Town Hall | Lloyd Street | Tel. 0871/222 82 23 | Fax 236 99 00 | www.destinationmanchester.com

◼ ZIEL IN DER UMGEBUNG
CHESTER   [129 E6]
Auf der Stadtmauer um die Stadt herumlaufen, das können Sie – zumindest in England – nur in Chester (80 000 Ew., 60 km), das auf eine 2000-jährige Geschichte zurückblickt. Von der ☀ Mauer haben Sie einen guten Überblick über die Sehenswürdigkeiten: Die Burg, den *Water Tower* (Stadtmuseum), den *King Charles Tower* und das größte in Großbritannien erhaltene römische *Amphitheater.* Eine weitere Attraktion sind die so genannten *Rows,* zweistöckige, verzierte Fachwerk-

> BLOGS & PODCASTS
Gute Tagebücher und Files im Internet

> *www.visitbritain.de* – Videos als informative Einführung zu den wichtigsten Städten des Landes

> *www.welovelocal.com* – Für alle, die mit umgangsprachlichem Englisch klar kommen, Seiten mit Beiträgen meist junger Bewohner zum Geschehen oder Nachtleben in ihrer Stadt.

> *http://taz.de/blogs/* – Bei der Suche „England" eingeben. Eine gute Quelle für die aktuelle Musikszene

> *http://londonbloggers.iamcal.com/* – Über 3000 Bewohner von London bloggen auf diesen Seiten, die geografisch nach der U-Bahn-Karte gegliedert ist. Hier erfahren Sie alles über das tägliche Leben in der Stadt.

> *http://news.bbc.co.uk/2/hi/uk_ news/england/default.stm* – Täglich mehrere Audio- und Video-Podcasts über alle möglichen Themen: rührende und kuriose Geschichten, Kriminalfälle, gesellschaftliche Probleme, aktuelle Sturmschäden.

> *www.podcastingnews.com/forum/ links.php?id=183* – Podcasts zu jedem erdenklichen Thema: Mountainbiking und andere Sportarten, Studenten stellen ihre Uni vor, schöne Ausflüge, auch verrückte Beiträge

Für den Inhalt der Blogs & Podcasts übernimmt die MARCO POLO Redaktion keine Verantwortung.

DER NORDEN

shoppingarkaden aus dem Mittelalter. Achten Sie auf den städtischen Ausrufer, der die neuesten Ereignisse verkündet. Wenn Sie ausprobieren wollen, wie es sich in über 300 Jahre alten Häusern wohnt, empfiehlt sich das *Chester Town House (5 Zi. | 23 King Street | Tel. 01244/35 00 21 | www.chestertownhouse.co.uk | €€)* aus dem 17. Jh. Genießen Sie am Abend eine Kanalfahrt und ein gutes Abendessen *(Abfahrt: Mill Hotel | Milton Street | Tel. 01244/35 00 35 | Fax 34 56 35 | www.millhotel.com | Essen €€ | Übernachtung im umgebauten Lagerhaus €€–€€€).* Auskunft: *TIC | Town Hall | Tel. 01244/40 21 11 | www.visitchester.com*

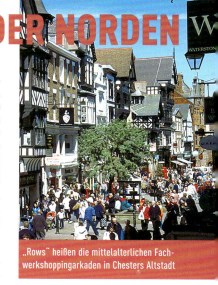

"Rows" heißen die mittelalterlichen Fachwerkshoppingarkaden in Chesters Altstadt

NEWCASTLE

[133 E4] Newcastle ist eine Offenbarung: Die geschichtsträchtige Stadt an der Tyne (210 000 Ew.) hat sich in den letzten Jahren rasant entwickelt. Behutsam wurden alte Fabrikanlagen restauriert, die prachtvollen Kaufmannshäuser aus dem 17. Jh. und die klassischen Bauten aus der viktorianischen Zeit aufpoliert, die historische Altstadt *Grainger Town* wieder belebt. Einen guten Überblick hat man von der normannischen Burg. Noch schöner ist der Blick von einer der sieben Brücken über den Fluss Tyne. Die *High Level Bridge* war zur Eröffnung 1849 die erste Straßen- und Eisenbahnbrücke der Welt. Die *Gateshead Millennium Bridge*, die welterste rotierende Brücke, wurde im September 2001 eröffnet. ==Newcastle ist die Partystadt des Nordens.== Um den ▶▶ Bigg Market herum, wo es laut und lustig zugeht, sowie in der coolen Szene des Quayside-Viertels ist von Donnerstag bis Montag Partytime.

■ SEHENSWERTES

BALTIC CENTRE FOR CONTEMPORARY ART
Der gelungene Umbau eines Getreidelagers am Südufer des Tyne zeigt neue Kunst. Herrlich ist der Blick vom ==Dachrestaurant==. *Tgl. 10–18 Uhr | Eintritt frei | South Shore Road | Gateshead | www.balticmill.com* — Insider Tipp

NEWCASTLE DISCOVERY
Die Geschichte der Stadt mit Schwerpunkt auf wichtigen Beiträgen zur Entwicklung der Technik, z.B. Eisenbahn, Schifffahrt. Spannend präsentiert. *Blandford Square | Mo–Sa 10–17, So 14–17 Uhr | Eintritt frei | www.twmuseums.org.uk*

■ ESSEN & TRINKEN

BLACKFRIARS CAFÉ BAR
Der vielleicht älteste Speisesaal Englands in einem ehemaligen Kloster

42 | 43

NEWCASTLE

aus dem 13. Jh., das einmal sogar Heinrich III. beherbergt haben soll. *Friar Street | Tel. 0191/261 59 45 | www.blackfriarsrestaurant.co.uk | €€*

CAFÉ 21
Beste britische Küche mit französischem Einfluss. Mittags erschwinglich (€), für das Dinner müssen Sie tiefer in die Tasche greifen. *21 Queen Street | Tel. 0191/222 07 55 | www.cafetwentyone.co.uk | €€*

ÜBERNACHTEN

JUGENDHERBERGE
Nur etwa 15 Minuten zu Fuß zur City, 60 Betten, unbedingt vorbestellen! *107 Jesmond Street | Tel. 0870/770 59 72 | www.yha.org.uk | €*

MALMAISON HOTEL
Derzeit das hippigste Hotel in der Quayside. Sehr aufwendiges, z. T. etwas übertriebenes Dekor. *120 Zi. | Quayside | Tel. 0191/245 50 00 | www.malmaison.com | €€€*

AM ABEND

THE SAGE MUSIC CENTRE
Zwei Konzerthallen und die Musikschule bilden den Mittelpunkt des neuen Freizeitviertels am südlichen Tyne-Ufer. *Tel. 0191/443 46 61*

AUSKUNFT

TOURIST INFORMATION CENTRE (TIC)
Guildhall, Quayside | Tel. 0191/ 27 80 00 | Fax 277 80 09 | www.visit newcastlegateshead.com

ZIELE IN DER UMGEBUNG

ALNWICK [133 E2]
Jahrhundertelang war die Region Northumbria Schauplatz von Grenzkriegen. Kein Wunder, dass es hier so viele Burgen gibt. Eine der eindrucksvollsten steht in Alnwick (7000 Ew., 40 km), gesprochen *Annick*. Das kleine mittelalterliche Städtchen ist mit seinen hübschen Kunstgewerbegeschäften sehenswert. In *Alnwick Castle* lebt der größte private Landbesitzer Nord-

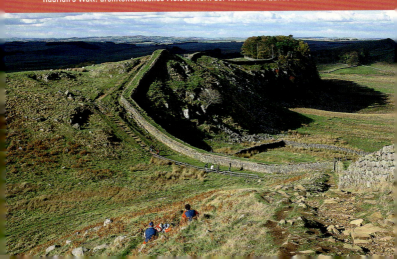

Hadrian's Wall: architektonisches Meisterwerk der Römer und „Ende der zivilisierten Welt"

DER NORDEN

englands, der Herzog von Northumberland. Über die sagenhaften Kunstschätze (Canaletto, Tizian, Anthonis van Dyck) in der Burg kann man nur staunen. Im Park wurden Szenen der Harry-Potter-Filme gedreht. Zum neu angelegten Garten gehören Kaskaden, hohe Fontänen und andere ausgefallene Wasserspiele sowie ein erstaunlich großes Baumhaus. *(Ostern–Okt. 11–17 Uhr | £ 10).* Übernachten und Essen sollten Sie im *White Swan.* Sehenswert ist die Dekoration des Speisezimmers, die vom Luxusliner Olympic stammt *(57 Zi. | Bondgate Within | Tel. 01665/60 21 09 | Fax 51 04 00 | www.classiclodges.co.uk | €€).*

HADRIAN'S WALL ⭐ [132–133 B–E4]

Kaiser Hadrian errichtete im Jahr 122 diesen Wall, der über 5 m hoch und 120 km lang war, um „die Römer von den Barbaren zu trennen" und das Ende der zivilisierten Welt zu markieren. Er brachte Tausende Soldaten in die Region, ließ die Mauer im Abstand von einer Meile mit Burgen befestigen. Von Newcastle [133 E4] im Osten bis Carlisle [132 B4] im Westen erstrecken sich heute die eindrucksvollen Überreste des ältesten römischen Monuments auf britischem Boden. Zwischen Corbridge und Haltwhistle sind die Wachtürme noch gut erhalten. Einen Eindruck vom Leben der Soldaten bekommen Sie in *Fort Housesteads (tgl. April–Sept. 10–18, Okt.–März 10–16 Uhr | £ 4,10)* und in *Vindolanda,* wo bemerkenswerte Ausgrabungsfunde der letzten Jahre, z. B. auf Holztafeln geschriebene römische Briefe, zu sehen sind *(tgl. Feb.*

bis Nov. 10–16, März und Okt. 10 bis 17, April–Sept. 10–18 Uhr | £ 5,20 | www.vindolanda.com) Hadrian's Wall Bus hält an allen Forts entlang der Mauer *(5 mal tgl. ab Hexham und ab Carlisle | Tagesticket £ 6).* Preiswerte Tages- oder Mehrtagestickets *(Tel. 01434/32 20 02 | www.hadrians-wall.org).*

HOLY ISLAND – LINDISFARNE ⭐ [133 E1]

Von hier nahm im 8. Jh. die Christianisierung Nordenglands und eines Teils Deutschlands ihren Anfang. Wer die Fahrt in Englands spirituelle Vergangenheit plant, muss zuvor den Tideplan genau lesen, denn der 7 km lange Verbindungsweg zur Insel ist nur während der Ebbe befahrbar. Das Kloster Lindisfarne (65 km), später Holy Island, heilige Insel, genannt, wurde 635 gegründet und genoss internationalen Ruf. 793 zerstörten die Wikinger das Kloster. Doch im 12. Jh. bauten Mönche aus Durham die Abtei wieder auf. Die Klosterruinen sind bis heute Pilgerstätte *(tgl. 9.30–17, Winter 10–16 Uhr | Eintritt £ 3,90).* Besonders interessant ist die ehemalige Burg, die 1549 zum Schutz gegen die Schotten errichtet und 1903 zum Landhaus umgebaut wurde *(April–Okt. Di–So 12–15 Uhr | Eintritt £ 5,80).* Ein großer Teil der Insel ist heute Naturschutzgebiet und mit den nahe gelegenen *Farne Islands* Winterquartier zahlreicher Zugvögel. Bootsfahrten zu den Farne-Inseln, auch zur Beobachtung der großen *Robbenkolonie,* werden vom Hafen Seahouses, südlich von Bamburgh, angeboten. *Tel. 01665/ 72 03 08 | www.lindisfarne.org.uk*

YORK

YORK

[130 C3] "Die Geschichte Yorks ist die Geschichte Englands", so brachte es König Georg VI. auf den Punkt. Tatsächlich hat die Stadt (123 000 Ew.) in ihrer 2000-jährigen Geschichte sie alle gesehen: römische Kaiser, kriegerische Wikinger, normannische Ritter, Könige und Adlige. Und alle haben ihre Spuren hinterlassen: In den Gassen, den *Shambles,* und im prächtigen Münster. Bei einem Spaziergang auf der 5 km langen 🌼 Stadtmauer werden Sie den besten Einblick in das mittelalterliche Stadtzentrum Yorks bekommen.

spotters, eines echten Eisenbahnfans, schneller schlagen lässt: über einhundert historische Dampf-, Diesel- und Elektroloks. George Stephensons "Rocket" ist zu sehen sowie die "Mallard", die mit 202 h/km den Geschwindigkeitsrekord für Dampflokomotiven hält. *Tgl. 10–18 Uhr | Eintritt frei | Leeman Road | www.nrm.org.uk*

Trainspotter's paradise: ein Eisenbahnoldtimer im National Railway Museum in York

SEHENSWERTES

NATIONAL RAILWAY MUSEUM ⭐

Auf 8 ha Ausstellungsfläche gibt es hier alles, was das Herz eines *train-*

YORK MINSTER

Sicherlich der ideale Ausgangspunkt, um die Stadt zu erkunden. York Minster ist beides – Kathedrale und Münster: Es ist die Mutterkirche der nördlichen Provinzen der Church of England mit Sitz des Erzbischofs von York und die größte gotische Kirche Englands. Ihr bedeutendster Schatz sind die Glasmalereien (12.–20. Jh.). Alles über die Geschichte des Müns-

> *www.marcopolo.de/england*

DER NORDEN

ters erfahren Sie in der Krypta. Empfehlenswert ist das Restaurant (€) in *St. William's College*, einem Fachwerkhaus aus dem 15. Jh. *Mo–Sa 9 bis 17, So 12–15.45 Uhr (letzter Einlass). Eintritt Münster £ 5,50, mit Schatzkammer/Krypta £ 7,50*

ESSEN & TRINKEN
BETTY'S CAFÉ TEA ROOMS
Ein für guten Kuchen und Nachmittagstee berühmtes Café in einem Art-déco-Haus. Probieren Sie den sättigenden Früchtekuchen „Fat Rascal". *6–8 St. Helen's Square | Tel. 01904/65 91 42 | tgl. 9–21 Uhr | €*

ÜBERNACHTEN
BAR CONVENT
Mitten im heutigen York führen die Nonnen des Ordens hl. Jungfrau Maria das älteste noch belebte Kloster im Land als Bed & Breakfast. Das Wort *Bar* deutet nicht auf den Ausschank von Gin Tonic, sondern bezieht sich auf die Tore des Hauses. *18 Zi. | 17 Blossom Street | Tel. 01904/64 32 38 | Fax 63 17 92 | www.barconvent.org.uk | €–€€*

TRAVELODGE YORK CENTRAL
Die Kette hat 200 Budgethotels in England eröffnet, eines davon direkt im Zentrum von York. *90 Zi. | 90 Piccadilly | Tel. 0871/984 61 87 | Fax 01904/65 21 71 | www.travelodge.co.uk | €–€€*

AM ABEND
York ist bekannt für die abendlichen Geistertouren, auf denen Besuchern das Gruseln gelehrt wird. *Versch. Treffpunkte, z. B. am Pub King's Arms, Ouse Bridge | 20 Uhr | £ 4*

AUSKUNFT
TOURIST INFORMATION CENTRE (TIC)
Exhibition Square | Tel. 01904/62 55 00 99 | Fax 63 99 86 | www.visityork.org

ZIELE IN DER UMGEBUNG
CASTLE HOWARD   [131 D3]
Eines der grandiosesten privaten Herrenhäuser (17. Jh.) Englands mit herrlichem Garten erwartet Sie 30 km nordöstlich von York (A 64). Gemälde von Joshua Reynolds, der den damaligen Besitzer, den Earl of Howard, mehrfach porträtierte, und Thomas Gainsborough. *Ostern–Okt. tgl. 11–17 Uhr | Eintritt £ 10 | www.castlehoward.co.uk*

FOUNTAINS ABBEY ★   [130 B3]
Das Ensemble (35 km) wurde von der Unesco zum Weltkulturerbe erklärt. Es umfasst die herrlich gelegene Ruine des Zisterzienserklosters aus dem 12. Jh. und einen Landschaftsgarten des 18. Jhs. *(März bis Okt. tgl. 10–17, Nov.–Feb. tgl. 10–16 Uhr | Eintritt | £ 7,50 | www.fountainsabbey.org.uk)*. Ganz in der Nähe befindet sich die 1300 Jahre alte Stadt *Ripon* (A 61, donnerstags Markt). Berühmt ist der Hornblower, der noch heute allabendlich zur Nacht bläst. Eines der besten Hotels der Region finden Sie im Nachbarort *Ripley* (A 61): *Boars Head (25 Zi. | Tel. 01423/77 18 88 | Fax 77 15 09 | www.boarsheadripley.co.uk | €€€)*.

NORTH YORK MOORS
NATIONAL PARK   [130–131 C–D 1–2]
Die wilde, beinahe baumlose Heidelandschaft im 555 km² großen Nationalpark ist von einsamer Schönheit.

46 | 47

YORK

Man bekommt das Gefühl von großer Höhe, obwohl 700 m nirgendwo überschritten werden. Wanderern sind die preiswerten *barns*, einfache Unterkünfte, zu empfehlen *(Tel. 0870/770 88 68 | www.yha.org.uk).*

1836 wurde die Eisenbahnstrecke Pickering-Whitby eröffnet. Von *Pickering* aus (5000 Ew., 30 km) fährt die ✷ North York Moors Railway *(Tel. 01751/47 25 08),* die von Eisenbahnenthusiasten in Stand gesetzt wurde, mit einer Höchstgeschwin-

>LOW BUDGET

> Alle Häuser der National Museum Liverpool gewähren kostenlosen Eintritt, d. h. neben den Museen am Albert Dock auch die Walker Art Gallery (Kunst) und das World Museum Liverpool (u. a. Geschichte, Ethnologie), beide in der William Brown Street, und die Lady Lever Art Gallery auf der anderen Mersey-Seite *(alle tgl. 10–17 Uhr, www.liverpoolmuseums.org.uk).*

> Die staatliche Organisation für Denkmalschutz English Heritage verwaltet viele Burgen und Abteiruinen, auch Denkmäler an der Hadriansmauer. Wer im Nordosten des Landes und Yorkshire viel besichtigen will, kann Geld sparen: Jahresmitgliedschaft £ 40, vor Ort an den Denkmälern erwerben, z. B. Hadrian's Wall, Rievaulx Abbey. *www.english-heritage.org.uk*

> The Hatters Hostel in Manchester ist eine umgebaute Hutfabrik im trendigen Northern Quarter. *Betten im Mehrbettzimmer ab £ 15,50 | 50 Newton Street | Tel. 0800/083 38 48 | www.hattersgroup.com*

digkeit von 25 Meilen die Stunde durch die Newtondale Schlucht nach Grosmont. Ideal für Touren durchs Moor: das *White Swan (21 Zi. | Tel. 01751/47 22 88 | Fax 47 55 54 | www.white-swan.co.uk | €€€),* ein Gasthaus aus dem 16. Jh. (Marktplatz in Pickering).

RIEVAULX ABBEY ✷   [130 C2]
Etwas für Romantiker: Im bewaldeten Tal am Ufer der Rye liegt die älteste Zisterzienserabtei des Nordens, 1132 von Bernhard von Clairvaux gegründet *(tgl. 10–18 Uhr | Eintritt £ 4,50 | Abfahrt B 1257).*

Von Rievaulx Abbey (47 km) sollten Sie unbedingt südöstlich über das hübsche Helmsley nach *Harome* fahren. Allein das schilfbedeckte *Star Inn* (14. Jh.), ein Pub-Restaurant-Club mit Michelin-Stern und luxuriöser Unterkunft in der *Cross House Lodge* lohnt den Abstecher *(Tel. 01439/77 03 97 | Fax 77 18 33 | www.thestaratharome.co.uk | Restaurant Mo geschl. | €€€ | Essen im Pub-Teil €€ | Übernachtung: 11 Zi. | €€€).*

SCARBOROUGH   [131 E2]
Saubere Strände und der Charme vergangener Tage zeichnen den schönen Badeort (71 km) aus. Eine Landzunge mit mittelalterlicher Burg trennt die ruhige nördliche von der etwas rummeligen südlichen Bucht. Parks und schmucke Architektur aus viktorianischer Zeit zieren die „Blumenstadt".

WHITBY   [131 D1]
Der geschäftige Fischereihafen und die Lage zwischen hohen Klippen geben Whitby (79 km) einen unver-

DER NORDEN

wechselbaren Charakter, den Bram Stoker in seinem Roman „Dracula" festhielt. Die Vampirgeschichte zieht bis heute blass geschminkte, schwarz gekleidete *Goths* in die Stadt, die als Heimathafen von Captain Cook *(Cook Memorial Museum | Grape Lane | April–Okt. tgl. 10–17 Uhr | Eintritt £ 4)* und für die *Abteiruine (Whitby Abbey | tgl. 10–18 Uhr | Eintritt £ 4,20)* sehenswert ist.

Auf den hohen Klippen südlich der Hafenstadt Whitby gibt es eine wunderbare Wanderung mit Meerblick zur Schmugglerbucht Robin Hood´s Bay. Wer lieber unten als oben wandert, entdeckt nördlich von Whitby in Runswick Bay Fossilien der Jura- und Kreidezeit, die die Klippenerosion zu Tage förderte. Achtung: Um nicht abgeschnitten zu werden, achte man auf die Gezeitentabelle! Frischen Fisch bekommen Sie im *Magpie Café (14 Pier Road | Tel. 01947/60 20 58 | €–€€)*, ein gutes englisches Frühstück im *Storrbeck Guesthouse (9 Crescent Avenue | Tel. 01947/60 54 68 | www.storrbeck.fsnet.co.uk | €)*.

Insider Tipp

YORKSHIRE DALES
NATIONAL PARK [130 A1–3]

Besonders schön ist der Nationalpark (50 km) im August, wenn das Heidekraut blüht. Aber auch zu den anderen Jahreszeiten sind die *dales*, die Täler, mit ihren Feldsteinmauern, sanften Hügeln und urigen Pubs faszinierend. In den hübschen Dörfern, ob *Reeth, Hawes* oder *East Witton*, scheint die Zeit stillzustehen. Informationszentrum in *Grassington (Tel. 01756/75 16 90 | www.yorkshiredales.org.uk)*.

Begegnung im Nationalpark: Wanderer erwartet eine wunderschöne Pflanzen- und Tierwelt

48 | 49

> DAS „HERZ ENGLANDS"

Oxford, Cotswolds und das unbekannte Shropshire –
England wie im Bilderbuch

> **Viele Englandkenner sind davon überzeugt, dass die Insel nirgendwo englischer ist als im „Heart of England", im „Herzen Englands".**

Grüne Hügel und Dörfer, die ihr mittelalterliches oder georgianisches Stadtbild weitgehend bewahrt haben, vermitteln ein so typisch englisches Bild, dass es niemanden überraschen würde, wenn Miss Marple, die resolute Privatdetektivin, um die nächste Ecke böge. Unbestritten ist Oxford mit der ältesten englischen Universität (12. Jh.) die berühmteste Stadt der Region. Besonders reizvoll sind aber auch die nahe gelegenen ★ Cotswolds. Die im 16. und 17. Jh. aus honigfarbenem Sandstein erbauten Dörfer Broadway oder Bibury zählen zu den malerischsten auf der Insel. Die Grafschaft Shropshire, an der Grenze zu Wales gelegen, kann als echter Geheimtipp bezeichnet werden. Abseits touristischer Ziele gibt

Bild: Cotswolds, Grafschaft Oxfordshire

DER WESTEN

es hier viel typisch Britisches zu entdecken. Gespenstisches zum Beispiel im Dun Cow Inn in Shrewsbury, das von den Geistern längst verstorbener Mönche heimgesucht wird.

CHELTENHAM

[121 D1] Schon Königin Victoria, Jane Austen und Charles Dickens kamen wegen der Mineralquellen in die Kurstadt (90 000 Ew.). Die feine Gesellschaft wollte unterhalten werden. Bis heute ist die elegante Bäderstadt mit den vielen Parks für ihre ▶▶ Literaturfestivals *(Mitte Okt. | www.cheltenhamfestivals.com)* sowie für ihre Jazz- und Folkkonzerte berühmt, die in der barocken *Town Hall* und im *Pittville Pump Room* (1830) stattfinden. Von Oktober bis April ist die Pferderennbahn die Attraktion. Außerdem ist der Ort ein idealer Ausgangspunkt für Fahrten in die Cotswolds. Das

CHELTENHAM

örtliche Touristenamt bietet unter dem Titel „Der Romantische Weg" ausgewiesene Touren.

ESSEN & TRINKEN
LE CHAMPIGNON SAUVAGE
Das mehrfach ausgezeichnete, überregional bekannte Restaurant bietet französische und mediterrane Küche.

Traditionsbewusstsein: Oxford University

24 Suffolk Road | Tel. 01242/57 34 49 | www.lechampignonsauvage.co.uk | €€–€€€

ÜBERNACHTEN
THE WYASTONE HOTEL
Viktorianisches Stadthotel mit eigenem Garten, zentral gelegen. *13 Zi. | Parabola Road | Montpellier | Tel. 01242/24 55 49 | Fax 52 26 59 | www.wyastonehotel.co.uk/ | €€*

FREIZEIT & SPORT
COTSWOLD WATER PARK
Windsurfen, Segeln, Wasser- und Jetski. *Südlich Cirencester an der A 419 | Tel. 01285/86 14 59 | www.waterpark.org*

AUSKUNFT
TOURIST INFORMATION CENTRE (TIC)
77 Promenade | Tel. 01242/52 28 78 | Fax 25 58 48 | www.visitcheltenham.gov.uk

ZIELE IN DER UMGEBUNG
BIBURY [121 D1]
William Morris (1834–1896), berühmt für sein Tapeten- und Stoffdesign, nannte Bibury (25 km) das schönste Dorf Englands. Hier finden Sie das *Hotel Swan* mit 18 luxuriösen Zimmern *(Tel. 01285/74 06 95 | Fax 74 04 73 | www.cotswoldsfinesthotels.com | €€€)*. Im 3 km südwestlich von Bibury gelegenen *Barnsley* (B 4425) befindet sich der *Village Pub* Insi Tip *(Tel. 01285/74 04 21 | €€)* mit sensationell gutem Essen. Kein Wunder, der Koch hat zuvor in Londoner Spitzenrestaurants gearbeitet.

BOURTON-ON-THE WATER [125 D6]
Der charmante Ort (20 km), auch das „Venedig der Cotswolds" genannt, gilt vielen als der schönste der Gegend, vielleicht, weil der Fluss Windrush direkt hindurch fließt. Witzig das *Modelldorf*, Insi Tip eine Minireplik des Ortes von 1937 *(tgl. 10–17.45 Uhr | Eintritt £ 2,75)*.

BROADWAY [125 D6]
Einer der beliebtesten Orte der Cotswolds (30 km), vor allem wegen der vielen Antiquitätengeschäfte. Vom

> **www.marcopolo.de/england**

DER WESTEN

❄ *Broadway Tower* haben Sie einen phantastischen Blick auf das Severn-Tal. Berühmt ist der *Lygon Arms*. In dem Hotel gehobenen Stils haben Oliver Cromwell und König Charles I. ihr Haupt gebettet *(69 Zi. | Tel. 01386/85 22 55 | Fax 85 86 11 | www.the-lygon-arms.com | €€€).*

PAINSWICK   [120 C1]
Painswick (17 km) präsentiert sich wunderhübsch mit Steincottages, einem Postamt aus Fachwerk und dem *Painswick Rococo Garden* aus dem 18. Jh. *(Jan.–Okt. tgl. 11–17 Uhr | Eintritt £ 5,50).*

OXFORD

[121 F1] ⭐ **Wann genau die Universität Oxford gegründet wurde, ist nicht exakt festzustellen. Fakt jedoch ist, dass Oxford eine einzigartige Institution ist – die älteste englischsprachige Universität der Welt und die britische Eliteschmiede.** Allein das Christ Church College hat 13 Premierminister hervorgebracht. Am besten lernen Sie Oxford zu Fuß kennen, auf einer Stadttour in Begleitung eines Stadtführers. Diese vermitteln meistens sehr humorvoll die Geschichte der Stadt mit ihrer wunderbaren Architektur und der einzigartigen Atmosphäre der historischen Colleges. Wer kann, sollte im Mai oder Juni kommen, um die Stadt und ihre Fahrrad fahrenden und Kähnestakenden Studenten zu erleben. Dann finden Ruderrennen und Theateraufführungen in den College-Gärten statt.

■ SEHENSWERTES

ASHMOLEAN MUSEUM
1683 der Öffentlichkeit zugänglich gemacht, ist es das älteste öffentliche Museum der Welt. In dem eleganten Gebäude sind die kostbaren Sammlungen der Universität untergebracht, u. a. klassische Skulpturen, Keramik, chinesische und islamische Kunst, Renaissancegemälde, Impressionisten und das 1200 Jahre alte „Alfred Jewel". *Di–Sa 10–17, So 12–17 Uhr | Eintritt frei | Beaumont Street | www.ashmolean.org*

MARCO POLO HIGHLIGHTS

⭐ **Cotswolds**
Idylle pur in honigfarbenen Dörfern (Seite 50)

⭐ **Oxford**
Die älteste Universitätsstadt des Landes mit sehenswerten Colleges und schrägen Traditionen (Seite 53)

⭐ **Ironbridge Gorge**
Das Industriezeitalter begann genau hier (Seite 58)

⭐ **Shrewsbury**
Mit über 660 denkmalgeschützten Häusern die schönste Tudorstadt der Insel (Seite 57)

⭐ **Ludlow**
Wer exquisit speisen will, fährt nach Ludlow (Seite 59)

⭐ **Stratford-upon-Avon**
Eine ganze Stadt dreht sich um den größten englischsprachigen Schriftsteller (Seite 60)

OXFORD

BOTANISCHER GARTEN UND MAGDALEN COLLEGE

Anfang des 17. Jhs. wurde der erste botanische Garten Englands eröffnet. Die Pflanzen hat man für medizinische Zwecke und für den Botanikunterricht benötigt *(tgl. 9–17, Mai–Aug. 9–18 Uhr | Eintritt £ 3)*. Gleich gegenüber liegt das Magdalen College mit seinem Glockenturm aus dem 15. Jh. *(tgl. 13–18 Uhr | £ 3)*. Am 1. Mai singt der Chor hier lateinische Chorale. Das College hat eine riesige Parkanlage. Von hier aus empfiehlt sich ein ==Spaziergang entlang dem Fluss Cherwell.== **[Insider Tipp]** Halten Sie Ausschau nach Rotwild!

CHRIST CHURCH COLLEGE

Sicherlich das großartigste aller Colleges, 1525 von Kardinal Wolsey gegründet. Wolsey war es, der die Verhandlungen um die Scheidung Heinrichs VIII. von Katharina von Aragon führte, die zur Loslösung der englischen Kirche von Rom führte. Die Turmglocke, Great Tom, läutet jeden Abend um 21.05 genau 101 mal, denn früher studierten hier 101 Studenten. Der ungewöhnliche Zeitpunkt hat seine Bewandtnis, denn Oxford liegt fünf Minuten westlich von Greenwich, sodass es eigentlich 21 Uhr Oxford-Zeit ist.

Sehenswert sind die *Great Hall*, Vorbild für die Mensa-Szenen der Harry-Potter-Filme, *Christ Church Cathedral* (12. Jh.) und die *Picture Gallery* mit Gemälden von italienischen Meistern und Zeichnungen (u.a. Leonardo da Vinci, Albrecht Dürer). *College Mo–Sa 9–17, So 13 bis 17 Uhr | £ 4,90 | Galerie Mo–Sa 10.30–17, So 14–17 Uhr | £ 2 | www.chch.ox.ac.uk*

SHELDONIAN THEATRE

Christopher Wren, der die St. Paul's Kathedrale in London gebaut hat, zeichnet auch für dieses Gebäude

Christ Church College, eines der größten und beeindruckendsten Colleges von Oxford

DER WESTEN

verantwortlich. Hier findet die feierliche Übergabe der Diplome statt. Alljährlich im Juni *(2009: 24. Juni)* ziehen die Professoren, in akademische Roben gekleidet, in einer Prozession anlässlich der Verleihung von Ehrentiteln zum Sheldonian. *Broad Street | Mo–Sa 10–12.30, 14–16.30 Uhr | £ 2 | www.sheldon.ox.ac.uk*

UNIVERSITY CHURCH OF ST. MARY ☀

Den besten Blick auf die Stadt bietet der Turm von St. Mary, der gotischen Universitätskirche aus dem 13. bis 15. Jh. an der High Street. *(tgl. 9–17 Uhr | £ 2,50 | www.university-church.ox.ac.uk).* Nachher stärkt man sich im angeschlossenen *Coffee Shop.*

▋ ESSEN & TRINKEN

BROWNS

Seit Jahren eine Institution in Oxford. Das Lokal brummt mittags, zum Nachmittagstee und abends. Internationale Küche, z.B. echte, gute Hamburger. *5–11 Woodstock Road | Tel. 01865/51 19 95 | €–€€*

TURF TAVERN

Hübsch verstecktes Haus aus dem 13. Jh. in einer Gasse abseits der Holywell Street. Die kurze Suche lohnt sich, v.a. für den Biergartenbetrieb im Sommer. *4 Bath Place | Tel. 01865/24 32 35 | €*

▋ EINKAUFEN

MARKTHALLE

Insider Tipp

Die schönen Lebensmittelstände und preiswerten Cafés der alten Markthalle zeigen, dass Oxford nicht nur Geistiges im Sinne hat. Eine Treppe führt zum gemütlichen *Georgina's* in der ersten Etage. Hier treffen Sie Studenten bei einer Kuchenpause. *High Street | €*

THE UNIVERSITY OF OXFORD SHOP

Das Geschäft gehört der Uni und ist das einzige, in dem man die komplette Oxford-Kollektion (Rugbyhemden, T-Shirts, Mützen, Schals) findet. *106 High Street | www.ou shop.com*

▋ ÜBERNACHTEN

COTSWOLD HOUSE

Gepflegtes Nichtraucher-B & B im Norden der Stadt, für die Colleges und Blenheim Palace günstig gelegen. *7 Zi. | 363 Banbury Road | Tel./Fax 01865/31 05 58 | www.cotswold house.co.uk | €€*

MALMAISON 🔊

Der bis 1995 als Gefängnis benutzte viktorianische Bau an der Stelle einer Burg von 1071 erfuhr einen erstaun-

54 | 55

OXFORD

lichen Umbau zu einem schicken Hotel. *94 Zi. | 3 Oxford Castle | Tel. 01865/26 84 00 | www.malmaison. co.uk | €€€*

Insider Tipp
OXFORD BACKPACKERS HOSTEL
Preiswerte Unterkunft in Mehrbettzimmern, gut ausgestattete Herberge mit Bar und Internet, nur 2 Min. vom Bahnhof und Busbahnhof, einige Gehmin. von der Stadtmitte. *9a Hythe Bridge Street | Tel. 01865/ 72 17 61 | Fax 20 32 93 | www.hos tels.co.uk | €*

FREIZEIT & SPORT

Punting, also mit gestakten, flachen Kähnen umherzuschippern, ist der beliebteste Sport bei Studenten wie Besuchern. Es ist nicht ganz so einfach, man kann leicht abdriften, was generell zu großem Gelächter führt. Einen Bootsverleih gibt es bei der Magdalen Bridge *(Tel. 01865/ 20 26 43)*. Im Sommer ist die Nachfrage sehr groß, sodass ein Versuch beim Cherwell Boat House *(Bardwell Road | Tel. 01865/51 59 78)* zu empfehlen ist *(Preis: £ 12–14/Std. | £ 60–70/Tag)*. Wer nicht selber staken will, kann sich ein Boot mit Punter mieten.

AM ABEND

CARLING ACADEMY
Größte Livemusikvenue in Oxford, hier wird hauptsächlich Rockmusik gespielt. *190 Cowley Road | Tel. 0844/477 20 00*

EAGLE & CHILD
Selbst Akademiker werden in diesem Pub aus dem 17. Jh., in dem sich bereits J.R.R. Tolkien („Herr der Ringe") und C.S. Lewis getroffen haben, locker. *St. Giles*

FREUD
Bar und Club in einer umgebauten Kirche. Livejazz vor kirchlichen Glasmalereien, Getränke zu humanen Preisen. *119 Walton Street | Tel. 01865/31 11 71*

SHAKESPEARE IM GARTEN
An Sommerabenden gibt es Freilichttheater (u. a. von Shakespeare) in den herrlichen Collegegärten.

WALTON STREET ▶▶
Insid Tip
Walton Street mit dem angesagten *Freud* ist die In-Gegend. *Raoul's (Nr. 32)* ist eine coole Bar; *Branca (Nr. 111 | Tel. 01865/55 61 11)* gut für Pizza und Pasta.

AUSKUNFT

TOURIST INFORMATION CENTRE (TIC)
15–16 Broad Street | Tel. 01865/ 72 68 71 | Fax 24 02 61 | www.visit oxford.org. Das TIC ist Ausgangspunkt für geführte Spaziergänge (Infos: Tel. 01865/25 22 00)

ZIEL IN DER UMGEBUNG

BLENHEIM PALACE   [121 E1]
John Churchill, Herzog von Marlborough, erhielt als Dank für seinen Sieg über die Franzosen in der Schlacht von Blenheim 1704 Geld, um sich diesen Palast (12 km nördl.) zu bauen. Die Architekten schufen ein Meisterstück barocker Baukunst. Bekannt ist Blenheim Palace aber v.a. als Geburtsort von Winston Churchill. Seine Sammlung von Briefen, Büchern und Gemälden ist unbedingt sehenswert. Witzig die

> **www.marcopolo.de/england**

DER WESTEN

In Blenheim Palace erblickte Winston Churchill 1874 das Licht der Welt

Reiseberichte an seinen Vater, in denen der junge Churchill akribisch beschreibt, wo das ganze Geld geblieben ist. Blenheim ist mit einer Schmalspureisenbahn, einem 850 ha großen Park und dem größten Irrgarten der Welt auch ein schönes Ausflugsziel für Kinder. *März–Ende Okt. tgl. 10.30–17 Uhr | Eintritt Palast und Garten £ 16,50 | Tel. 08700/ 60 20 80 | www.blenheimpalace.com*

SHREWSBURY
[124 B3] ★ Das an der Schleife des Flusses Severn gelegene Shrewsbury (60 000 Ew.) mit seinen vielen Fachwerkhäusern ist die wohl schönste Tudorstadt der gesamten Britischen Inseln. Es zählt über 660 denkmalgeschützte Bauten, darunter die *Old Market Hall* (1596), in der früher die reichen Wollfarmer und Tuchhändler verhandelten, oder die alte *Stadtbibliothek* von 1598. Davor das Denkmal von Charles Darwin, 1808 in Shrewsbury geboren. Mittelalterlich verwinkelt sind *Grope Lane, Butcher Row* und *Milk Street,* enge Passagen, die *Shuts* genannt werden.

■ SEHENSWERTES
SHREWSBURY ABBEY
Auf dem westlichen Severn-Ufer steht die v. a. wegen des mit Wappen verzierten Westfensters sehenswerte Abteikirche aus der Zeit nach der normannischen Eroberung.

SHREWSBURY MUSEUM & ART GALLERY
Geschichte der Region seit der Römerzeit im 1590 erbauten Rowley's House. *Di–Sa 10–16 Uhr | Eintritt frei | Barker Street*

■ ESSEN & TRINKEN
DRAPERS RESTAURANT & BRASSERIE
Sehr historisch. Der erste Tisch neben dem Fenster ist 500 Jahre alt. Essen kann man im Restaurant oder im *Yellow Room* (Bar). *St. Mary's Street | Tel. 01743/34 46 79 | €€*

SHREWSBURY

THE DUN COW
Die Besitzer sind felsenfest davon überzeugt, dass es im Haus spukt. Der Pub mit Steak-Restaurant geht auf einen Bau des Jahres 1085 zurück. *171 Abbey Foregate | Tel. 01743/35 64 08 | €*

EINKAUFEN

THE PARADE SHOPPING CENTRE
30 kleine Geschäfte in einem 200 Jahre alten Haus. Von der Café-Terrasse Blick auf den Fluss.

ÜBERNACHTEN

ABBEY COURT HOUSE
Preiswerte Unterkunft in Abteinähe. *10 Zi. | 134 Abbey Foregate | Tel. 01743/36 44 16 | Fax 35 85 59 | www.abbeycourt.org | €*

TUDOR HOUSE
Fachwerkhaus aus dem 14. Jh., kein Balken ist gerade. *3 Zi. | 2 Fish Street | Tel. 01743/35 17 35 | www.tudorhouseshrewsbury.co.uk | €€–€€€*

AUSKUNFT

TOURIST INFORMATION CENTRE (TIC)
The Music Hall | The Square | Tel. 01743/28 12 00 | Fax 28 12 13 | www.visitshrewsbury.com, www.shropshiretourism.info

ZIELE IN DER UMGEBUNG

IRONBRIDGE GORGE ★ [124 C3]
Der Museumskomplex um die Ironbridge Gorge, 20 km südöstlich von Shrewsbury (B 4380), wurde 1986 zum Weltkulturerbe erklärt. Hier steht die erste Eisenbrücke der Welt (1777–1779), die den Beginn des Industriezeitalters markiert. Insgesamt gibt es neun Museen entlang der Schlucht, in denen spannend die Geschichte der industriellen Revolution vermittelt wird (S. 104). Beginnen Sie Ihre Tour mit dem *Ironbridge Gorge Museum,* das in einem umgebauten Lagerhaus (1840) untergebracht ist. Das *Museum of Iron* befindet sich direkt neben dem Schmelzofen, in dem erstmals 1709 Eisen mit

> PUBLIC SCHOOLS
Zwischen Tradition und Weltoffenheit

Der Name ist verwirrend, denn die *public schools* (wörtlich übersetzt: öffentliche Schulen) sind Privatschulen. In vergangenen Jahrhunderten unterschied man mit diesem Begriff zwischen jungen Adligen, die auf eine Schule gingen, und denen, die zu Hause von Privatlehrern unterrichtet wurden. Eine angesehene *public school* ist die 1552 gegründete Shrewsbury School, die am hohen Severn-Ufer in einem 60 ha großen Gelände mit Blick auf die Altstadt liegt. Berühmtester ehemaliger Schüler ist der Evolutionswissenschaftler Charles Darwin. Die bekannteste *public school* ist Eton College, die bei Schloss Windsor liegt und für die Prinzen William und Harry die natürliche Wahl war. Im 19. Jh. stählten diese Kaderschmieden des britischen Weltreichs junge Männer für zukünftige Aufgaben in fernen Ländern. Heute gibt man sich moderner, öffnet auch für Mädchen die Pforten und ist im nicht-kolonialen Sinne weltoffen: Seit 2003 hat Shrewsbury School eine Filiale in Bangkok.

DER WESTEN

Koks geschmolzen wurde *(Passport zu allen Museen £ 14. Jederzeit wieder benutzbar, sodass sich eine Übernachtung lohnt | tgl. 10–17 Uhr | www.Ironbridge.org.uk)*. Hoteltipps: ❄ *The Bird in Hand Inn,* 1774 erbaut, Familienhotel mitten in der Schlucht mit phantastischem Ausblick *(3 Zi. | Waterloo Street | Tel. 01952/43 22 26 | www.birdinhand 1774.co.uk | €); The Golden Ball Inn,* ältestes Gasthaus der Schlucht mit Pub *(3 Zi. | Newbridge Road | Tel. 01952/43 21 79 | Fax 43 31 23 | www.goldenballinn.com | €)*. Historisch sind auch die Pubs: Im *Swan Inn* haben Abraham Darby III. und seine Kollegen den Bau der Brücke geplant.

LUDLOW ⭐ [124 B4]

Die im 12. Jh. um eine normannische Burg herum entstandene Stadt Ludlow (10000 Ew., 30 km) gilt vielen als der Archetypus einer ländlichen englischen Kleinstadt. 500 der hübschen georgianischen Häuser, die einst reichen Wollfarmern und Tuchhändlern gehörten, stehen unter Denkmalschutz. Ende Juni/Anfang Juli bildet die Burg die phantastische Kulisse für Shakespeare-Aufführungen im Open-Air-Theater. Ludlow ist auch gastronomische Hochburg mit einem ▶▶ *kulinarischen Festival* am zweiten Wochenende im September, ausgezeichneten Lebensmittelgeschäften und zwei hervorragenden Restaurants: Fishmore Hall *(Fishmore Road | Tel. 01584/87 51 48 | www.fishmorehall.co.uk | Übernachtung im Herrensitz 25 Zi. €€€, Restaurant €€€)* und *Mr Underhill's (Dinham Weir | Tel. 01584/87 44 31 | www.mr-underhills.co.uk | €€€)*. Berühmteste Unterkunft am Platz ist das luxuriöse *Feathers Hotel*. Es ist 300 Jahre alt *(42 Zi. | Bull Ring | Tel. 01584/87 52 61 | Fax 87 60 30 | www.feathersatludlow.co.uk | €€€)*. Als Alternative bietet sich ein bequemes B & B in *Mulberry House* mit drei hübschen Zimmern *(10 Corve St. | Tel. 01584/87 67 65 | www.ten corvestreet.co.uk | €€)*. Tourist Information | Tel. 01584/87 50 53 | www.ludlow.org.uk/

Kunstwerk aus Holz und Glas: das Feathers Hotel in Ludlow

58 | 59

STRATFORD-UPON-AVON

11 km nordwestlich von Ludlow abseits der A 49 liegt *Stokesay Castle*. Der befestigte Herrensitz aus dem 13. Jh. ist eine Augenweide – pittoresker geht es nicht *(April–Okt. Mi–So, Mai–Aug. tgl. 10–17 Uhr | £ 4,80).*

STRATFORD-UPON-AVON

[125 D5] ⭐ **William Shakespeare ist 1564 in Stratford-upon-Avon (22 000 Ew.) am Fluss Avon zur Welt gekommen.** Hier hat er die ersten 30 Jahre seines Lebens und dann noch einmal von 1610

>LOW BUDGET

> Preiswert in Ludlow: Die edlen Restaurants der Stadt sind berühmt. Für das kleine Portemonnaie gibt es das Pub-Essen in *The Unicorn (Lower Corve Street | Tel. 01584/87 35 55 | €)* und die herrlich altmodische Teestube *De Grey (Broad Street | Tel. 01584/87 27 64)*.

> Theater in Stratford-upon-Avon: Schnäppchen für alle, die jünger als 25 sind: Täglich können 50 Karten für nur £ 5–40 vorbestellt werden, zehn werden am Tag der Aufführung im Courtyard Theatre vergeben.

> Oxford Colleges: Manche der schönsten und ältesten Colleges erheben keine oder nur eine bescheidene Eintrittsgebühr. So sind z. B. *Merton College (Merton Street)* mit einer wunderschönen Kapelle und *University College (High Street)* kostenlos, *New College* mit einem herrlichen Garten kostet nur £ 2 Eintritt.

bis zu seinem Tod am 23. April 1616 mehrere Jahre verbracht. Alles in der Stadt ist mit dem Wirken des berühmten Barden und seiner Familie verbunden: das Geburtshaus in der Henley Street mit dem Museum über sein Leben, Hall's Croft, das Haus seiner Tochter in der Old Town Street und das mit Schilf gedeckte Cottage seiner Frau Anne Hathaway im Ortsteil Shottery. Ob Shakespeare in seinem „Geburtshaus" wirklich zur Welt kam, weiß man allerdings nicht mit Sicherheit. Forscher fanden aber heraus, dass das viel besuchte Tudor Farmhaus seiner Mutter, das Mary Arden House in Wilmcote, erst 1569 erbaut worden ist, zu einem Zeitpunkt, zu dem Shakespeares Mutter den Ort bereits verlassen hatte. Tatsächlich hat sie in Glebe Farm gewohnt, das nun zum neuen *Mary Arden House* eingerichtet worden ist *(fünf Museen mit unterschiedlichen Öffnungszeiten, meist tgl. 10–17 Uhr | Sammelkarte für alle Häuser £ 14,50).*

■ SEHENSWERTES ■

THE ROYAL SHAKESPEARE COMPANY (RSC)

Die 1961 gegründete RSC ist weltweit als das führende Shakespeare-Theater anerkannt. In den Theatern – *Royal Shakespeare Theatre, Courtyard Theatre* und *Swan Theatre* – werden Sie die besten Schauspieler und Regisseure des Landes erleben. Das historische Royal Shakespeare Theatre wird bis 2010 grundlegend renoviert und erweitert. Für Theaterkarten mit Zahlung per Kreditkarte: *Tel. 0844/800 | online: www.rsc.org. uk | schriftlich: The Box Office | RSC*

DER WESTEN

| Waterside | Stratford-upon-Avon | Warwickshire CV37,6 BB

ESSEN & TRINKEN
DIRTY DUCK ▶▶
Ein Pint in diesem Pub gegenüber dem Theater zu heben, gehört einfach zum Shakespeare-Erlebnis dazu. Es kommen auch viele Schauspieler. *Waterside* | €

MARLOWE'S RESTAURANT
Das Restaurant in einem Haus aus dem 16. Jh. fühlt sich ganz dem traditionellen Stil verpflichtet. Hier speisen gern die besser verdienenden Schauspieler. *18 High Street | Tel. 01789/20 49 99* | €€

ÜBERNACHTEN
THE ALVESTON MANOR
Die erste Aufführung von Shakespeares „Sommernachtstraums" soll auf dem Hof des luxuriösen Hotels (z.T. 16. Jh.) stattgefunden haben. Attraktiv ist die Lage am Fluss. Die Zimmer haben modernen Komfort. *114 Zi. | Clopton Bridge | Tel. 0870/400 81 81 | Fax 0178/941 40 95 | www.alvestonmanor.co.uk* | €€€

BRADBOURNE GUEST HOUSE
Im Tudorstil, innen alles neu und nur 8 Minuten zu Fuß zum Zentrum. *7 Zi. | 44 Shipston Road | Tel./Fax 01789/20 41 78 | www.bradbourne-house.co.uk* | €–€€

In *The Royal Shakespeare Theatre* am Avon werden natürlich Stücke des Meisters aufgeführt

STRATFORD-UPON-AVON

AUSKUNFT
TOURIST INFORMATION CENTRE (TIC)
Bridgefoot | Tel. 0870/160 79 30 | Fax 29 52 62 | www.stratford-upon-avon.co.uk

ZIELE IN DER UMGEBUNG
ALTHORP [125 F5]
Die 1997 verstorbene Prinzessin Diana verbrachte viele Jahre ihrer Kindheit im Familiensitz Althorp (16. Jh., 62 km). Auf einer Insel mitten im See liegt ihr Grab. Dianas Bruder ließ die ehemaligen Ställe in ein Museum mit ihren Kleidern und Fotos umwandeln. Der wunderschöne Garten und einige Privaträume können besichtigt werden. *Juli–Aug. tgl. 11–17 Uhr | Eintritt £ 12,50 | Reservierung: Tel. 01604/ 77 01 07 | www.althorp.com*

BIRMINGHAM [125 D4]
Die zweitgrößte britische Stadt (1 024 000 Ew., 42 km) bemüht sich, ihr schlechtes Image loszuwerden. Mit Erfolg: Die Kanäle und deren Uferbereiche wurden herausgeputzt, viele Bausünden der 1960er-Jahre beseitigt. Metall verarbeitende Betriebe machten Birmingham im 18. Jh. zu einem führenden Industriezentrum. Das industrielle Erbe der Stadt sieht man heute am *Brindleyplace* und um den *Gas Street Basin,* wo Gaststätten und Geschäfte sich an

Museum and Art Gallery: Birmingham überrascht mit einem reichen kulturellen Angebot

> *www.marcopolo.de/england*

DER WESTEN

den 200 Jahre alten Kanälen ansiedelten, und im nagelneuen Technikmuseum *Thinktank (tgl. 10–17 Uhr | Eintritt £ 8,50 | Curzon Street | www.thinktank.ac)*. Einen noch blühenden Wirtschaftszweig stellen die vielen kleinen Juwelierwerkstätten und -läden in der Gegend um *Vyse Street* dar *(Museum of the Jewellery Quarter | Di–So 11.30–16 Uhr | Eintritt frei | 77 Vyse Street)*. Mit der Sammlung europäischer Kunst im *Birmingham Museum and Art Gallery (Chamberlain Square | Mo–Sa 10–17, So 12.30–17 Uhr | Eintritt frei | www.artsbma.org)* und dem *Birmingham Symphony Orchestra* ist das kulturelle Angebot beachtlich. Der multikulturelle Charakter der Stadt ist unübersehbar – und genießbar: China-town befindet sich um die Hurst Street *(z. B. Chung Ying | 17 Thorpe Street | Tel. 0121/666 66 62 | €€)*, das ==Balti Triangle== mit asiatischen Restaurants und Geschäften an der *Ladypool Road* (3km südl. der Stadtmitte). *Auskunft: TIC | The Rotunda | 150 New Street | Tel. 0870/225 01 27 | Fax 616 10 38 | www.birmingham.org.uk*

Insider Tipp

WARWICK CASTLE [125 E5]

Die von William dem Eroberer 1068 erbaute Festung (15 km) ist die am besten erhaltene englische Burg des Mittelalters. Zu sehen sind Gemälde, Möbel, Rüstungen. Veranstaltungen wie Falkenfliegen, historisches Kochen, Turniere. *Tgl. 10–17 Uhr | Eintritt £ 17,95 | Tel. 0870/442 20 00 | www.warwick-castle.co.uk*

BÜCHER & FILME
Facetten der englischen Gesellschaft

> **Reif für die Insel** – Der amerikanische Journalist Bill Bryson heiratete eine Engländerin und lebt seit Jahrzehnten in England. In diesem Buch schildert er humorvoll seine Erfahrungen dort.

> **Die Ringe des Saturn** – Der 2002 verstorbene deutsche Autor Winfried Georg (W. G.) Sebald war Universitätslehrer in Ostengland. Sein exzentrisches, melancholisches und einfühlsames Buch beschreibt eine Reise durch diese Landesteile.

> **Billy Elliott** – Ein Junge aus einer Arbeiterfamilie in Nordostengland will Balletttänzer werden – zum Entsetzen seines Vaters, der lieber einen Boxer in der Familie hätte. Der Film ist zugleich witzig und rührend, und wirft Licht auf die englische Klassengesellschaft. Regie: Stephen Daldry 2000

> **Die Queen** – Ein Blick hinter die Kulissen in der königlichen Familie – eine Art Doku-Drama über die Woche nach dem Tod von Prinzessin Diana, genau recherchiert und wunderbar gespielt, vor allem von Helen Mirren als Königin Elizabeth. Regie: Stephen Frears, 2006.

> **Abbitte (Atonement)** – Brillant gespielte Verfilmung des gleichnamigen Romans von Ian McEwan über die Ereignisse in einem englischen Landhaus kurz vor dem Zweiten Weltkrieg, als eine der Töchter des Hauses sich in einen jungen Mann aus armen Verhältnissen verliebt. Regie: Joe Wright, 2007.

> DIE UNENTDECKTE ECKE DES LANDES

East Anglia: Windmühlen, Fachwerkhäuser und imposante Herrensitze beeindrucken in wunderschöner Landschaft

> Bei einer Fahrt durch das einstige Königreich East Anglia fallen die vielen Windmühlen auf, außerdem bezaubern die hübschen Fachwerkhäuser und hochherrschaftlichen Anwesen. Ganz zu schweigen von den vielen mittelalterlichen Kirchen.
Mehr als 500 sollen es in dem Landstrich zwischen Colchester im Süden, Hull im Norden, Cambridge im Westen und Aldeburgh im Osten sein. Die Landschaft ist sanft hügelig, der Himmel unendlich. Das hat schon die berühmtesten Söhne, die Maler John Constable (1776–1837) und Thomas Gainsborough (1727 bis 1788) inspiriert. Die Landschaft, die Sie auf Wanderungen, Radtouren oder Bootsfahrten durch Constable-Country kennenlernen, scheint einem jener Gemälde des 18. Jhs. entsprungen zu sein.

Noch im Mittelalter war East Anglia der bedeutendste Wirtschaftsstandort Englands. Besonders be-

Bild: Cambridge, King's College

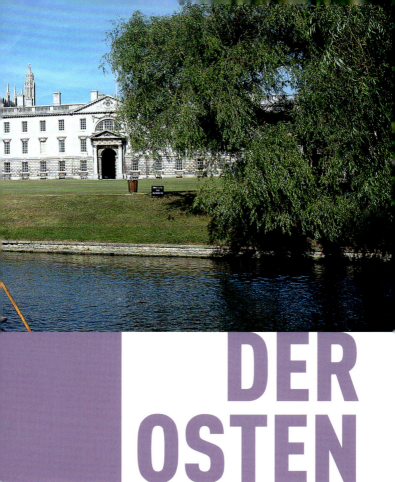

DER OSTEN

gehrt war das in der Region hergestellte Tuch. Mit der Erfindung der Dampf- und Webmaschinen wanderte die englische Textilindustrie dann aber nach Norden ab. Gut für die Besucher heute, denn viele bezaubernde Orte blieben dadurch in ihrem ursprünglichen Aussehen erhalten. Auch die Kathedralenstadt Norwich konnte ihr mittelalterliches Stadtbild bewahren. In den letzten Jahren hat sich herumgesprochen, wie gut man in East Anglia lebt. Immer mehr Großstädter zieht es in den Landstrich. Obwohl nach außen das mittelalterliche Image gepflegt wird, sind die Städte ausgesprochen dynamisch. So hat sich die Universitätsstadt Cambridge zum englischen Silikon Valley entwickelt. Und auch das Pferdesportzentrum in Newmarket mit interessanten touristischen Einblicken ist Weltspitze, modern und international.

CAMBRIDGE

CAMBRIDGE

[127 D5] ★ Über 3 Mio. Touristen aus aller Welt kommen jedes Jahr nach Cambridge. Die Atmosphäre der charmanten Stadt wird ganz von den weltberühmten Colleges und ihren Studenten bestimmt.

Stilvoll: drei Generationen auf der Abschlussfeier der Universität

Die Geburtsstunde der Universität lässt sich genau festmachen. Angeblich hatte ein Oxforder Student im Jahre 1209 eine Bewohnerin Oxfords ermordet. Daraufhin ergriffen die wütenden Städter den – wie sich später herausstellte – unschuldigen Studenten und henkten ihn. Das veranlasste eine Gruppe seiner Kommilitonen, der unwirtlichen Stadt den Rücken zu kehren und sich in Cambridge anzusiedeln. Gegen 1226 waren es bereits so viele, dass regelmäßig Kurse veranstaltet wurden. Man traf sich in Kirchen und Privathäusern. Erst gegen Ende des 13. Jhs. wurde den Colleges Land übergeben, in der Hoffnung, dass die Gelehrten für das Wohl und die Seele der Spender beten würden. Das erste College der Universität war Peterhouse (1284), vom Bischof von Ely gegründet. Die anderen 30 Colleges, darunter drei reine Frauencolleges, entstanden in den nächsten 700 Jahren. Weltweit berühmte Wissenschaftler, Künstler, Philosophen und Politiker, darunter mehr als 60 Nobelpreisträger, lernten und lehrten hier. Heute ist die Region um Cambridge durch die effektive Partnerschaft zwischen Wissenschaft und Industrie eine dynamische Wirtschaftsregion, die eine hohe Konzentration von jungen Unternehmen aus dem Bereich Informationstechnologie aufweist.

Die ideale Einstimmung auf Cambridge ist eine Fahrt in einem der typischen *punts*, jener flachen Stechkähne, auf dem Fluss Cam. Mieten Sie sich an der Queens Bridge ein Boot und gleiten Sie unter der *Bridge of Sighs*, Nachbau der venezianischen Seufzerbrücke (1831), an den Gärten und Collegegebäuden vorbei.

■ SEHENSWERTES

FITZWILLIAM MUSEUM

Viscount Fitzwilliam hinterließ der Universität 1816 seine wertvolle Sammlung europäischer Malerei, griechischer, römischer und ägyptischer Skulpturen, chinesischen Por-

> www.marcopolo.de/england

DER OSTEN

zellans. Später kamen Bilder der Impressionisten dazu, antike Möbel und Waffen. Der Bau des neoklassizistischen Gebäudes wurde 1837 begonnen. Es war eines der ersten öffentlichen Museen des Landes. *Di–Sa 10–17, So 12–17 Uhr | Eintritt frei | Trumpington Street | www.fitzmuseum.cam.ac.uk*

KETTLE'S YARD

„Jim" Ede war ehemalig Angestellter der Tate Gallery in London. 1957 stellte er sein Haus jungen Künstlern zum Leben und Arbeiten zur Verfügung. Das Resultat ist eine interessante Sammlung der Kunst des 20. Jhs. 1966 stiftete die Familie Haus und Sammlung der Uni, die sie als Museum eröffnete. *Di–So 13.30 bis 16.30 Uhr | Eintritt frei | Castle Street | www.kettlesyard.co.uk*

KING'S COLLEGE

Heinrich VI. hat 1440 den Grundstein gelegt und so ziert seine Statue den Innenhof. Mehrere Könige nach ihm setzten das grandiose Bauwerk fort. Zu den berühmten ehemaligen gehören der Schriftsteller E. M. Forster, Filmregisseur Derek Jarman und Ökonom John Maynard Keynes. Die Kapelle mit ihren Glasfenstern (16. Jh.) zählt zu den schönsten Bauwerken Englands. Kleine Ausstellung zur Geschichte des Baus. *Mo–Sa 9.30–16.30, So 10–17 Uhr, während des Semesters nur bis 15.30 Uhr, So geschl. | £ 4,50 | King's Parade*

TRINITY COLLEGE

1546 von Heinrich VIII. gegründet, ist dieses College das größte überhaupt, mit einem gigantischen Innenhof, dem Great Court (100 × 100 m). Rechts vom Eingang steht ein Ableger jenes Apfelbaums, der durch Trinity-Student Isaac Newton berühmt wurde. Unter dem Baum liegend habe er das Prinzip der Schwerkraft entdeckt, nachdem ihm ein Apfel auf den Kopf gefallen war. Christopher Wren, Architekt von St. Paul's in London, erbaute die Bibliothek, die über 55 000 vor 1820 gedruckte Bücher beherbergt. Darunter das Original von „Winnie the Pooh", der Geschichte des kleinen Bären. *Tgl. 10 bis 17 Uhr | Eintritt £ 2,20 | Trinity St.*

■ ESSEN & TRINKEN ■
BROWN'S RESTAURANT ▶▶

Vor allem Studenten kommen hierher, weil das Essen preiswert und le-

MARCO POLO HIGHLIGHTS

★ **Cambridge**
Universitätsstadt mit der weltweit bekannten Eliteschmiede (Seite 66)

★ **Norwich**
Die mittelalterliche Stadt hat die meisten Kirchen im Land (Seite 71)

★ **Norfolk Broads**
42 Seen und ein Labyrinth von Wasserwegen (Seite 75)

★ **Newmarket**
Pferderennen im berühmtesten Reitsportzentrum der Welt (Seite 70)

CAMBRIDGE

cker, das Ambiente stilvoll und doch entspannt ist. Keine Reservierungen. *23 Trumpington Street | Tel. 01223/ 46 16 55 | €–€€*

DOJO NOODLE BAR

Billig, sättigend, lecker: Fusion-Küche aus China, Japan, Vietnam und Thailand. *1–2 Millers Yard | Tel. 01223/36 34 71 | €*

MIDSUMMER HOUSE ✻
Das Haus bietet die beste Küche der Region. Manche sagen auch, die beste Weinkarte außerhalb Paris. Reservierung erforderlich. *Midsummer Common | Tel. 01223/36 92 99 | www.midsummerhouse.co.uk | €€€*

■ ÜBERNACHTEN ■
CITYROOMZ
Das geschmackvoll umgebaute ehemalige Lagerhaus der Eisenbahn befindet sich gleich neben der Bahnstation. *25 Zi. | Station Road | Tel. 01223/30 40 50 | Fax 35 72 86 | www.sleeperz.com | €*

GARDEN HOUSE HOTEL
Modernes Hotel im Zentrum, direkt an der Cam, privater Garten. 122 luxuriös eingerichtete Zimmer. *Granta Place | Mill Lane | Tel. 01223/ 25 99 88 | Fax 31 66 05 | www.cambridgegardenhouse.com | €€€*

WARKWORTH HOUSE
B & B in einem viktorianischen Haus. Das Frühstück ist großartig, die Besitzer sehr freundlich. *13 Zi. | Warkworth Terrace | Tel. 01223/ 36 36 82 | Fax 70 99 34 | www.warkworthhouse.co.uk | €€*

■ FREIZEIT & SPORT ■
FAHRRADFAHREN
Alle in Cambridge fahren Fahrrad. Auch außerhalb der Stadt fährt es sich gemütlich, denn die Gegend ist ganz flach. Fahrradverleih: *Cambridge Station Cycles, direkt am Bahnhof | Tel. 01223/30 71 25*

PUNTING
Punting ist der Sport in Cambridge. Schauen Sie sich die Technik ab. Es ist immer amüsant und endet manchmal feucht. Wer sich nicht zutraut, selbst zu fahren, kann Studenten anheuern, die diesen bevorzugten Feri-

---

> ## LOW BUDGET
>
> - Konzert kostenlos genießen: Der Chor von King's College Cambridge, der vielleicht beste Englands, singt im Gottesdienst während des Semesters *(Di–Sa 17.30, So 15.30 Uhr)*. Wer dann hingeht, zahlt auch keinen Eintritt für die herrliche Kapelle und erlebt sie von ihrer bewegendsten Seite.
> - Picknick an der Küste: Reiche Londoner lieben die Norfolk-Küste, entsprechend teuer sind die Restaurants. Kaufen Sie stattdessen ein Gourmetpicknick am Marktplatz von Burnham Market, z. B. beim Bäcker *Groom's,* beim Fischgeschäft *Gurney* oder bei Metzger *Arthur Howell,* und essen Sie am Holkham Beach, dem Lieblingsstrand der Königin.
> - Preiswert in Norwich: Ein Markt mit über 200 Ständen findet sechs Tage in der Woche am Marktplatz von Norwich statt. Gut für Schnäppchen aller Art und für Lebensmittel.

DER OSTEN

enjob gern machen. Ein Tagestrip ist die Tour von Cambridge in das 6 km entfernte Grantchester mit obligatorischem Picknick am Fluss. *Bootsverleih: Anlegestellen an der Magdalene Bridge, am Pub Rat & Parrot, Jesus Green sowie für die Fahrt nach Grantchester an der Silver Street Bridge | £ 16–18 pro Stunde, außerdem muss Pfand hinterlegt werden.*

AM ABEND

CORN EXCHANGE

Das Kulturzentrum der Stadt. Theater- und Ballettaufführungen, wechselnde Shows. *Wheeler Street, hinter Guildhall | Tel. 01223/35 78 51*

EAGLE

Die Nobelpreisträger Francis H. Crick und James Watson sollen die Hälfte ihrer Zeit im Labor, die andere in diesem Pub aus dem 16. Jh. verbracht haben. Die Struktur der DNA haben sie entdeckt, vielleicht bringt das Suffolk Bier auch Sie auf kluge Gedanken. *Bene't Street | Tel. 01223/ 50 50 20*

FEZ ▶▶

Coolste Adresse der Clubszene, Musik von Pop bis Indie und House, oft stehen Schlangen vor der Tür. *Mo bis Do 21–2, Fr–Sa 21–3 Uhr | Eintritt £ 5–7 | 15 Market Passage | www.eclecticbars.co.uk*

AUSKUNFT

TOURIST INFORMATION CENTRE (TIC)

Wheeler Street | Tel. 01223/46 47 32 | Fax 45 75 89 | www.visitcambridge.org. Das Büro bietet interessante Stadtwanderungen an *(tgl. 11.30 und 13.30 Uhr | £ 10).*

ZIELE IN DER UMGEBUNG

ELY [127 D4]

Einst hieß die Stadt auf dem Hügel, umgeben von Sumpf, Isle of Eel – Insel der Aale. Die Normannen erbauten 1083 die Kirche von Ely (10000 Ew., 25 km) als Bischofssitz. Auf-

Glasmalkunst in der Kathedrale von Ely

grund des großen Pilgerstroms musste sie 1253 vergrößert werden. Die Geschichte der Kathedrale ist voller Unfälle. Bei Bauarbeiten an der Lady Chapel stürzte 1322 der Zentralturm ein. Später wurde ein 20 m hoher Glockenturm errichtet, der wahrscheinlich der Auslöser für den Zusammensturz des westlichen

LAVENHAM

Querhauses im Jahr 1701 war. Das *Museum für Buntglasfenster (Mo–Sa 10.30–17, So 12–18 Uhr | Eintritt £ 4)* und das *Haus von Oliver Cromwell (tgl. 10–17.30 Uhr | Eintritt £ 3,75 | 29 St. Mary Street)* sind die Hauptsehenswürdigkeiten der Kathedralenstadt. Wunderbar entspannen können Sie sich nach der Besichtigung im liebevoll gestalteten Hafenviertel am Fluss Great Ouse.

NEWMARKET ★ [127 E5]
Newmarket (16 000 Ew., 20 km) ist seit dem 17. Jh. das Zentrum des königlichen Rennsports. Einen Eindruck der royalen Vergangenheit bekommen Sie gleich im Touristenzentrum, das sich stilecht im *Palace House Mansion* befindet. Im Angebot ist eine Minibustour zu den Übungsplätzen und durch das ▶▶ *Nationale Gestüt (März–Sept. und an Renntagen im Okt. Mo–Sa 11.15 und 14.30, So 14.30 Uhr | Tel. 01638/66 67 89 | Eintritt £ 6,50 | www.nationalstud.co.uk, www.newmarketracecourses.co.uk)*. Im *Nationalen Pferdesportmuseum* bekommt man einen guten Einblick in Pferderennen und die Aufzucht der kostbaren Vollblutpferde *(April–Okt. Di–So 11–16.30 Uhr | £ 5)*.

LAVENHAM
[128 A5] **Die liebliche Landschaft im Süden der Grafschaft Suffolk ist mit Bilderbuchdörfern übersät.** Besonders reizend sind die Reetdächer und die blumengeschmückten Fachwerkhäuser in Lavenham (1700 Ew.), das wie andere Orte der Gegend seine Blütezeit ab dem späten Mittelalter durch die Tuchindustrie erlebte.

■ SEHENSWERTES
GUILDHALL OF CORPUS CHRISTI
500 Jahre altes Zunfthaus am Marktplatz mit einer Ausstellung über die

Newmarket – Zentrum des Rennsports: Hier werden heute hauptsächlich Vollblüter gezüchtet

DER OSTEN

Tuchindustrie. *März–Okt. Di–So 11 bis 17 Uhr | Eintritt £ 3,75*

PFARRKIRCHE
Die Kirche (1444–1525) ist ein Beispiel prächtiger Spätgotik.

ESSEN & TRINKEN
THE GREAT HOUSE
Das Ehepaar Crépy aus Frankreich führt das familienfreundliche Restaurant. Dazu gehören fünf Zimmer (mit Himmelbetten). *Market Place | Tel. 01787/24 74 31 | www.greathouse. co.uk | €€–€€€*

ÜBERNACHTEN
MILDEN HALL
Wunderschön gelegen, ökologisch geführt. Drei B & B-Zimmer in einem großen, stilvoll möblierten Bauernhaus. *An der B1115 nahe Milden | 9 km südl. von Lavenham | Tel./Fax 01787/24 72 35 | www.thehall-milden.co.uk | €*

AUSKUNFT
TOURIST INFORMATION CENTRE (TIC)
Lady Street | Tel. 01787/24 82 07 | Fax 24 94 59 | www.visit-suffolk.org. uk

ZIELE IN DER UMGEBUNG
DEDHAM [128 A6]
Nicht nur die hübschen Fachwerkhäuser, Teestuben und Galerien ziehen Besucher nach Dedham (2100 Ew., 26 km). Die Gegend ist auch eine Pilgerstätte für Fans der Malerei, denn einer der in England beliebtesten Künstler, John Constable, wurde 1776 im Nachbarort East Bergholt geboren. Am Fluss Stour entlang führt ein Wanderweg (ca. 30 Min.) nach *Flatford Mill.* Die Mühle gehörte Constables Vater.

LONG MELFORD [128 A6]
Die Geschäfte an der Hauptstraße machen Long Melford (5 km) zu einem Paradies für Antiquitätensammler. Die A 1092 führt zu den schönen Dörfern *Cavendish* und *Clare.*

Insider Tipp

NORWICH
[128 B3] ★ **Im Mittelalter war die Domstadt nach London zweitgrößte Stadt des Landes.** Heute bietet Norwich mit 170 000 Ew., 52 erhaltenen Kirchen aus dem Mittelalter (so viel kann keine andere englische Stadt aufweisen), dem ältesten und größten Straßenmarkt Englands, mittelalterlichen Gassen und Häusern sowie der modernen Universität einen interessanten Mix aus Geschichte, Kultur, Unterhaltung und Kommerz. Um den Marktplatz haben sich so viele Pubs angesiedelt, dass es heißt, Norwich habe für jeden Tag des Jahres einen Pub aufzuweisen und für jeden Sonntag des Jahres eine Kirche.

SEHENSWERTES
BURG
Die massive Anlage (1160) überblickt die Stadt und ist eines der am besten erhaltenen Beispiele normannischer Militärarchitektur. 700 Jahre diente sie als Gefängnis, heute beherbergt die Burg ein Archäologisches Museum und eine Gemäldegalerie (englische und niederländische Meister des 17./18. Jhs.). Außerdem ist man stolz, die größte Teekannensammlung der Welt zu besitzen. *Mo–Sa 10–16.30, So 13–17 Uhr | Eintritt £ 6,50*

NORWICH

BUSRUNDFAHRT
Die mittelalterliche Stadt im Überblick. *Mai–Nov. stündlich 10–16 Uhr ab St. Peter's Street | £ 8*

DRAGON HALL
Prächtige mittelalterliche Architektur: das Haus eines Kaufmanns wurde 1430 erbaut. *115–123 King Street | Mo–Fr 10–17, So 11–16 Uhr | Eintritt £ 5*

ELM HILL
Der mittelalterliche Straßenzug war Wohnsitz aller Bürgermeister Norwichs. Er wurde restauriert und ist heute Zentrum des Antiquitätenhandels. Hier befindet sich das Gasthaus *Briton Arms,* in dem ursprünglich Nonnen wohnten. Unter dem Fußboden wurden tote Katzen und Schuhe gefunden. Es heißt, damit habe man Hexen fernhalten wollen. Beachtenswert ist auch das Gebäude der Kunstschule, eines der wenigen Klöster, das nicht von König Heinrich VIII. zerstört worden ist. Die Stadt hatte es ihm für £ 80 abgekauft.

KATHEDRALE
Die prächtige normannische Kathedrale wurde 1096 von Bischof de Losigna begonnen und in nur 50 Jahren errichtet. Durch die vergleichsweise kurze Bauzeit zeigt sich das Gebäude in einheitlichem Stil. Langhaus und Chor erhielten im 15. Jh. reiche spätgotische Netzgewölbe. Hervorzuheben sind die bunt bemalten Schlusssteine im Gewölbe des Mittelschiffs mit biblischen Szenen. Zum Morgen- und Abendgebet singt der Kathedralchor. Besichtigen Sie auch den Kreuzgang, den größten Englands, und den weiträumigen Kathedralbereich mit gut erhaltenen mittelalterlichen Häusern. *Kathedrale tgl. 7.30 bis 18, Mai–Sept. 7.30–19 Uhr*

SAINSBURY CENTRE
Sir Norman Foster, Architekt der Reichstagskuppel in Berlin, hat das Gebäude auf dem Campus der 1961 entstandenen University of East Anglia entworfen. Es beherbergt eine bemerkenswerte Sammlung von über 1200 Einzelstücken der Supermarkt-

Nächtlicher Bummel durch Elm Hill, einen der ältesten Straßenzüge von Norwich

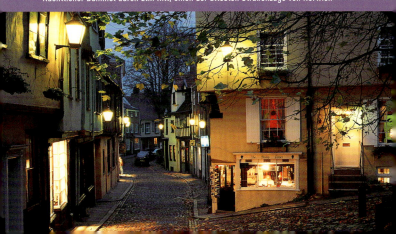

DER OSTEN

millionäre Lord und Lady Sainsbury: Werke von Pablo Picasso, Edgar Degas, Alberto Giacometti und Henry Moore sowie Kunstwerke verschiedener Kulturen aus über 1000 Jahren. Im Sommer wechselnde Ausstellungen. *Di–So 10–17 Uhr | Eintritt frei | University of East Anglia | Earlham Road | www.scva.org.uk*

ESSEN & TRINKEN

ADAM AND EVE
Wer gutes Bier und vorzügliche Pub-Küche liebt, findet seinen Garten Eden in der ältesten Kneipe der Stadt. Das Haus aus dem 13. Jh. ist gemütlich eingerichtet und familienfreundlich. Zu einer wärmenden Suppe passt das Ale der ostenglischen Adnams-Brauerei. *Bishopsgate | Tel. 01603/66 74 23 | €*

ADLARDS'S RESTAURANT
Wer wirklich edel essen möchte, geht in dieses elegante, moderne Restaurant. Der Koch kann stolz auf einen Michelin-Stern verweisen. *79 Upper St. Giles Street | Tel. 01603/63 35 22 | www.adlards.co.uk | €€–€€€*

EINKAUFEN

Norwich gehört zu den nettesten Shoppingstädten Englands. Individuelle Modegeschäfte sind z. B. in den *Norwich Lanes (abseits der Straße Pottergate)* und am *Timberhill* zu finden.

ROYAL ARCADE
Früher Haltestelle für Postkutschen aus London, heute elegante Einkaufspassage. Der *Mustard Shop (Senfladen)* (Nr. 15) ist eine Fundgrube für ausgefallene Mitbringsel.

Filigranes Kunstwerk aus Stein: das Netzgewölbe in der Kathedrale von Norwich

ÜBERNACHTEN

THE OLD RECTORY
In dem Pfarrhaus von 1830 wird man mit gutem Essen verwöhnt. *13 Zi. | 7 km nördl. der Stadt an der B1150 | North Walsham Road | Tel. 01603/ 73 85 13 | Fax 73 87 12 | www.oldrec torycrostwick.com | €€*

WENSUM GUEST HOUSE
Gepflegtes Haus für Nichtraucher, die Stadtmitte ist zu Fuß gut erreichbar. *9 Zi. | 225 Dereham Road | Tel. 01603/62 10 69 | www.wensumguest house.co | €*

NORWICH

WITTON HALL FARM
Elegantes Farmhaus im georgianischen Stil mit drei Zimmern und großem Garten. Ideal als Ausgangspunkt zum Besuch von Norwich und der Norfolk Broads. *Witton (8 km östl.) | Tel. 01603/71 45 80 | €€*

FREIZEIT & SPORT
BOOTSFAHRT
Ausflug auf dem River Wensum durch die Stadt oder zu den Broads ab dem Kai am Elm Hill oder am Bahnhof. *Mehrere Abfahrten tgl. | Tel. 01603/70 17 01 | £ 5–12*

AM ABEND
GEISTERFÜHRUNGEN
Die Briten lieben Geistergeschichten. Am Pub Adam and Eve am Bishopsgate beginnt Mo–Do um 19.30 Uhr eine Führung in die Gruselgeschichte von Norwich. £ 3

THEATRE ROYAL
Musicals, Oper, Tanz, Schauspiel, Konzerte in einem schönen Art-déco-Theater. *Tel. 01603/63 00 00 | www.theatreroyalnorwich.co.uk*

THE WATERFRONT ▶▶
Großer Club auf zwei Etagen mit Café-Bar, Betreiber ist der Studentenverein. *Clubabende Fr, Sa, Livemusik an anderen Tagen | Tel. 01603/508050 | www.waterfrontnorwich.com*

AUSKUNFT
TOURIST INFORMATION CENTRE (TIC)
The Forum | Market Place | Tel. 01603/72 79 27 | Fax 76 53 89. Ausgangspunkt für geführte Stadttouren (z. B. Sa 14 Uhr) | www.visitnorwich.co.uk

ZIELE IN DER UMGEBUNG
BURNHAM THORPE [128 A2]
Für Liebhaber der Seefahrt und Bewunderer des berühmten Admiral Nelson ist dieser Abstecher ein besonderer Höhepunkt. Am 29.9.1758 wurde Horatio Nelson in Burnham Thorpe (50 km nordwestl.) geboren. Im Zentrum des idyllischen Dorfes befindet sich der *Lord Nelson Pub,* wo vor der Schlacht von Trafalgar das Abschiedsfest gefeiert wurde *(tgl. 11–15, 18–23 Uhr).* Im Wald liegt die *All Saints Kirche.* Das Schiffskreuz, das während des Zweiten Weltkriegs auf der „Nelson" war, wurde 1955 anlässlich des 150. Jahrestages der Schlacht von Trafalgar der Kirche übergeben. Dass ein schickes Londoner Publikum den

Sandringham House: Kein Wunder, dass sich die Königsfamilie hier gern aufhält

DER OSTEN

Charme der Norfolk-Küste entdeckt hat, bringt einen großen Vorteil: die Restaurants werden immer besser. Ausgezeichneten Fisch gibt es z.B. im *Fishes (Burnham Market | Tel. 01328/73 85 88 | €€€)*. *Houghton Hall* (12 km südwestl.) ist ein prächtiger Herrensitz aus dem 18. Jh. *(Ostern–Sept. Mi, Do, So 13.30 bis 17.30 Uhr | Tel. 01485/52 85 69 | Eintritt £ 7 | www.houghtonhall. com)*.

KING'S LYNN [127 E3]

King's Lynn (42 000 Ew., 71 km) ist eine historische Hafenstadt mit vielen Sehenswürdigkeiten. Durch den Handel mit den Niederlanden, den deutschen Hansestädten und Skandinavien wurden die Kaufleute von Lynn reich. Zeugnisse dieser wirtschaftlichen Blütezeit sind heute noch zu bewundern, so etwa die Kirche *St. Margaret's*, die beiden Rathäuser *Trinity Guildhall* und *Guildhall of St. George* sowie das elegante *Zollhaus*. Die besten Übernachtungsmöglichkeiten liegen nördlich an der Küste. So bietet z.B. *The Lifeboat Inn* sehr gute Meeresfrüchte und 14 Zimmer mit Hafenblick *(Thornham | Tel. 0 14 85/51 22 36 | Fax 51 23 23 | www.lifeboatinn.co.uk | €€ – €€€)*.

NORFOLK BROADS ★ [128 B–C3]

Die Seenplatte ist entstanden, als sich die riesigen Torfgruben, die im 12. Jh. ausgehoben worden waren, wieder mit Wasser füllten. Der Nationalpark Norfolk Broads zählt zu den größten Feuchtgebieten Englands und ist ein Paradies für Vogelfreunde. Zentrum der Broads ist das touristische *Wroxham* (12 km). Hier können Sie Boote aller Art mieten und die 180 km Wasserwege und die 12 großen und 30 kleineren Seen *(Broads)* entlangschippern. Mit einem solarbetriebenen Boot für 12 Personen werden umweltfreundliche Touren um den geschützten Barton Broad, den zweitgrößten See der Gegend, angeboten *(tgl. Juni–Sept. | Tel. 01603/78 22 81)*. Unterkunft: *The Coach House*, zwei schöne Zimmer in einer umgebauten Scheune in Wroxham, einem Hauptferienzentrum der Broads *(96 Norwich Road | Tel. 01603/78 43 76 | Fax 78 37 34 | www.coachhousewroxham.co.uk | €)*. In den Broads liegen viele entzückende Dörfer, *Horning* z.B. mit typischen Fischgrätenfachwerkhäusern, dem *Teahouse* und dem *New Inn*, dem ältesten Pub der Gegend.

SANDRINGHAM HOUSE [127 E2]

Königin Victoria hatte 1862 das Anwesen (55 km nordwestl.) und den Garten mit seltenen Bäumen gekauft. Bis heute verbringt die königliche Familie alljährlich drei Wochen im Sommer hier. In der übrigen Zeit dürfen Touristen sich an Sandringham erfreuen. *Mitte April–Okt. (Änderungen möglich, wenn die Queen anwesend ist) tgl. 11–17 Uhr | Eintritt £ 9 | Tel. 01553/61 29 08*

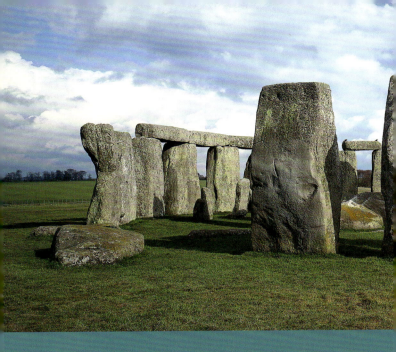

> MEHR ALS SEEBÄDER UND SANDSTRAND

Von Dover bis Land's End locken beeindruckende Kulturzeugnisse, saubere Sandstrände und lange Partynächte

> Abgelegene Buchten mit feinem Sandstrand, ein 900 km langer Wanderpfad entlang der Küste, malerische Fischerdörfer und endlos anmutende, menschenleere Weiten. Englische Landschaften, wie sie im Buche stehen, erwarten Sie im Süden des Landes.

Das Klima in der Region, vor allem im äußersten Westen, in Cornwall, ist selbst im Winter sehr mild. Eine perfekte Voraussetzung für die englische Gartenleidenschaft, die hier vor mehr als hundert Jahren ihren Anfang nahm. Damals brachten die Viktorianer Pflanzen aus China und Japan mit, um eine kornische Riviera zu schaffen. Darüber hinaus gibt es in Südengland viele bemerkenswerte Städte, wie das elegante Bath und den historischen Wallfahrtsort Canterbury. Wer es eher poppig liebt, mit viel Nightlife, dem sind die Seebäder Brighton, Bournemouth und die alte, in den letzten Jahren sich stark ver-

Bild: Stonehenge

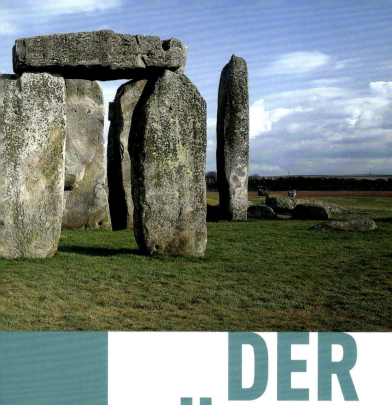

DER SÜDEN

jüngende Hafenstadt Bristol zu empfehlen. Der Süden bietet also für jeden etwas. Mehr Infos finden Sie im MARCO POLO Band „Südengland".

BATH
[120 C3] ★ **Die Römer kamen wegen der heilenden Thermalquellen in die Stadt (84 000 Ew.) am Fluss Avon, bauten phantastische Bäder und einen Tempel.** Als sie Bath verließen, verfiel die Stadt, um erst im 18. Jh. wieder zu erwachen, als sie zum Lieblingsort des englischen Adels avancierte. Als Bad verlor Bath im 19. Jh. seine Bedeutung. Das änderte sich 2006 mit der Eröffnung des neuen Spas unweit der alten römischen Bäder.

■ SEHENSWERTES
BATH ABBEY
Hier wurde 973 der erste englische König gekrönt. Spektakulär ist das

76 | 77

BATH

Fächergewölbe, wunderschön die großen Fenster. *Abbey Square | www.bathabbey.org*

ROMAN BATHS MUSEUM
Besichtigung der römischen Anlage aus Bädern und Saunen, die zwischen dem 1. und 4. Jh. genutzt wur-

■ ÜBERNACHTEN
GREY LODGE
Komfortables 150 Jahre altes Haus am Stadtrand im Grünen mit einem herrlichen Blick auf Bath. *3 Zi., 1 Ferienwohnung | Summer Lane, Combe Down | Tel. 01225/83 20 69 | Fax 83 01 61 | www.greylodge.co.uk | €€*

Inside Tipp

Wellness bei den Römern: im Roman Baths Museum mit Blick auf die Abteikirche

den. Täglich fließen über 1 Mio. Liter heißes Wasser aus der Thermalquelle. *Tgl. 9–17, Juli–Aug. 10–22 Uhr | neben der Abbey | £ 10,50 | www.romanbaths.co.uk*

■ ESSEN & TRINKEN
THE PUMP ROOM
Trinken Sie in herrlichem Ambiente Tee und lauschen Sie der Pianomusik. Das Quellwasser verspricht ein langes Leben. *Abbey Courtyard | Tel. 01225/44 44 77 | €€*

■ FREIZEIT & SPORT
THERMAE BATH SPA
Aufwendiges Thermalbad von 2006, Open-Air-Rooftop-Pool! *Hot Bath Street | Tel. 0844/888 08 44 | Bäder tgl. 9–21, Besucherzentrum 10–17 Uhr | www.thermaebathspa.com*

Inside Tipp

■ AUSKUNFT
TOURIST INFORMATION CENTRE (TIC)
Abbey Church Yard | Tel. 0870/444 64 42 | Fax 47 77 87 | www.visitbath.co.uk

> **www.marcopolo.de/england**

DER SÜDEN

ZIELE IN DER UMGEBUNG

BRISTOL   [120 C2]

Die größte Stadt des Südwestens (400 000 Ew., 25 km) mit langer Tradition im Atlantikhandel ist der passende Standort für das *British Empire Museum* (tgl. 10–17 Uhr | £ 6,50 | Clock Tower Yard | www.empiremu seum.co.uk). Das schwierige Thema wird ohne übertriebenen Patriotismus oder falsch verstandene politische Korrektheit dargestellt. Die Sanierung des Hafenviertels mit Galerien, Geschäften und Gastronomie hat eine heruntergekommene Gegend verwandelt. Bristol zeigt sich jetzt stolz auf eine pulsierende Musik- und Medienszene. *Auskunft: TIC | Harbourside | Tel. 0906/711 21 91 | Fax 915 73 40 | www.visitbristol.co.uk*

Insider Tipp

GLASTONBURY ▶▶   [120 B4]

Englands inoffizielle New-Age-Hauptstadt (8000 Ew., 43 km). König Artus und Königin Guinevere sollen hier begraben sein. Bekannt ist das Glastonbury-Musikfestival im Woodstockstil, das alljährlich nach der Sommersonnenwende stattfindet.

Glastonbury Abbey, 1200 gebaut, war mit 180 m Länge die größte Abtei des Landes. Sie wurde unter Heinrich VIII. zerstört.

LONGLEAT HOUSE   [120 C4]

Eines der berühmtesten Anwesen des Landes (30 km südöstl., 16.Jh.) mit einer bemerkenswerten Gemälde- und Porzellansammlung. Zu dem Familiensitz des Marquess of Bath gehören ein Safaripark mit Löwen und Tigern sowie ein großes Heckenlabyrinth. *Ostern–Mitte Okt. tgl. 10 bis 17 Uhr | Eintritt Haus und Park £ 10, Safaripark £ 11 | www.longleat.co.uk*

STONEHENGE ★   [121 D4]

Die zwei konzentrischen Steinkreise (55 km) sind das beeindruckendste prähistorische Monument Englands. Über die Bedeutung der Steine wird bis heute gerätselt: Dienten sie als Observatorium oder Opferstätte? Die Steine des inneren Kreises wurden zwischen 2500 und 1600 v. Chr. aus dem 385 km entfernten Wales herangeschafft. *Tgl. 9.30–18 Uhr | Eintritt £ 6,30 | www.stonehenge.co.uk*

MARCO POLO HIGHLIGHTS

★ Tate Modern
London besitzt mit der Tate eine der weltbesten Sammlungen moderner Kunst (Seite 84)

★ Stonehenge
Rätselhaft: die 4000 Jahre alten Steinkreise (Seite 79)

★ Kathedrale
Canterbury Cathedral: historischer Wallfahrtsort (Seite 81)

★ British Museum
Die altehrwürdige Institution in London zeigt Schätze aus vielen Kulturen (Seite 83)

★ Bath
Die einzige Stadt des Landes, die als Ganzes zum Weltkulturerbe zählt (Seite 77)

★ St. Ives
Viel Licht, Strand und Kunst (Seite 88)

BRIGHTON

WELLS [120 B4]
Englands kleinste Kathedralenstadt (9400 Ew., 25 km) hat ihren mittelalterlichen Charakter bewahrt. Hauptsehenswürdigkeit ist die gotische *Kathedrale* mit 300 Statuen an der Fassade aus dem 13. Jh. Einmalig ist die *Vicar's Close,* eine komplett erhaltene Straße mit Wohnhäusern des Jahres 1348.

BRIGHTON

[122 C5] **Früher Lieblingsort des Adels, ist das traditionsreiche Seebad (188 000 Ew.) heute ein beliebtes Ausflugsziel der Londoner (50 Min. Fahrt) und ist der ▶▶ Szenetreff für partyhungrige Jugendliche.**

■ SEHENSWERTES

PALACE PIER
Die berühmte Seebrücke (1899) bildet den Mittelpunkt der 8 km langen Strandpromenade. Viele Karussells und Spielautomaten.

ROYAL PAVILION
Der verspielte Prunkbau (1815 bis 1822) scheint direkt aus Indien eingeflogen zu sein. Hofbaumeister John Nash kam damit der damaligen Orientschwärmerei nach. *Tgl. 9.30 bis 17.45 Uhr | Eintritt £ 7,70*

■ ESSEN & TRINKEN

THE REAL EATING COMPANY *(Insider Tipp)*
Mit gesunder, schmackhafter Kost aus aller Welt macht das Restaurant (plus Feinkostgeschäft) von sich reden. Die ultimativ beste Adresse für Frühstück oder Strandpicknick. *Auch Abendessen Di–Sa bis 23 Uhr | 86/87 Western Road, Hove | Tel. 01273/ 22 14 44 | www.real-eating.co.uk | €€*

■ ÜBERNACHTEN

ADELAIDE HOTEL
Gehobenes B & B in einem eleganten Stadtteil von Brighton. *13 Zi. | 51 Regency Square | Tel. 01273/ 20 52 86 | Fax 22 09 04 | www.adelaidehotel.co.uk | €€*

PELIROCCO *(Insider Tipp)*
Absolut cooles Hotel. Außen unscheinbar, innen jedes Zimmer thematisch individuell, in ausgefallenem Dekor gestaltet. *19 Zi. | 10 Regency Square | Tel. 01273/32 70 55 | Fax 73 38 45 | www.hotelpelirocco. co.uk | €€ – €€€*

■ AM ABEND

Die Szene in Brighton ist schnelllebig. Für die aktuellsten Informationen: *http://whatson.brighton.co.uk*

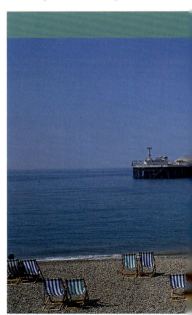

DER SÜDEN

sowie die Stadtmagazine „Juice" und „The Source"

THE OCEAN ROOMS ▶▶
Clubabende mit Hip-Hop, R&B, House. *1 Morley Street, Kemptown | Mo–Sa 22–3 Uhr*

■ AUSKUNFT ■
TOURIST INFORMATION CENTRE (TIC)
4–5 Pavilion Buildings | Tel. 0906/ 711 22 55 | Fax 01273/29 25 94 | www.visitbrighton.com

■ ZIEL IN DER UMGEBUNG ■
CHARLESTON FARMHOUSE   [123 D5]
Ein Mekka für Bloomsbury-Pilger (25 km nordöstl.): Verehrer der literarischen Gruppe um Virginia Woolf finden das von der Künstlerfamilie eigenhändig verzierte Haus im Urzu-

stand vor. *April–Okt. Mi–So 14 bis 17.30 Uhr | Eintritt £ 7,50*

CANTERBURY

[123 E3] **Die größte Sehenswürdigkeit der mittelalterlichen Stadt (38 000 Ew.) ist die Kathedrale. Sie besitzt für die anglikanische Kirche die gleiche Bedeutung wie der Petersdom für die katholische.** Zentrum der Verehrung sind die Reliquien des 1173 heilig gesprochenen Märtyrers Thomas Becket.

■ SEHENSWERTES ■
KATHEDRALE ★
Über Canterbury kam 597 der erste Missionar aus Rom nach England, seit 602 steht hier eine Kathedrale. Ab 1070 wurde sie neu erbaut, 1505 vollendet. Der Erzbischof von Can-

Ein Hauch Orient am Pier von Brighton: Früher kam der Adel, heute die Londoner Partypeople

terbury ist der Primas der anglikanischen Kirche. Nur er hat das Recht, die englischen Monarchen zu krönen. Der älteste erhaltene Teil ist die Krypta. Zu den größten Schätzen der europäischen Glasmalerei zählen die Fenster (1170). In einer Seitenkapelle, dem „Martyrium", wurde Thomas Becket auf Befehl König Heinrichs II. ermordet. *Mo–Sa 9–17, So 12.30–14.30 Uhr | Eintritt £ 7*

WESTGATE

Vom ✲ *Westgate,* dem einzigen erhaltenen Stadttor Canterburys, haben Sie einen guten Blick über die Stadt. *Mo–Sa 11–12.30, 13.30–15.30 Uhr | Eintritt £ 1,25*

ESSEN & TRINKEN

Insider Tipp THE GOODS SHED

Originelles Ambiente im alten Lokschuppen neben einem Markt, gute Zutaten direkt vom Erzeuger. Frische, kreative modern British-Küche. *Station Road West | Tel. 01227/ 45 91 53 | €–€€*

ÜBERNACHTEN

HARRIET HOUSE

Komfortables B & B für Nichtraucher. Ein kurzer Spaziergang am River Stour führt in die Stadtmitte. *5 Zi. | 3 Broad Oak Road | Tel. 01227/ 45 73 63 | Fax 47 05 07 | www.harriethouse.co.uk | €*

AUSKUNFT

TOURIST INFORMATION CENTRE (TIC)

12–13 Sun Street | Tel. 01227/ 37 81 00 | Fax 37 81 01 | www.canterbury.co.uk

ZIELE IN DER UMGEBUNG

DOVER CASTLE [123 F4]

Seit der Römerzeit steht eine Festung an dieser Stelle. Erhalten ist die Burg der 1180er-Jahre. Von hier haben Sie einen großartigen ✲ Blick über den Kanal. Unterhalb der Festung ist ein

Erlebnis London: ob Kultur, Shopping oder Party – die Weltstadt zieht jeden in ihren Bann

DER SÜDEN

weit verzweigtes, in die weißen Klippen von Dover gegrabenes Labyrinth zu besichtigen, das noch im Zweiten Weltkrieg benutzt wurde. *Tgl. 10–18, Okt.–März 10–16 Uhr | Eintritt £ 9,80, einschließlich Führung*

LEEDS CASTLE [123 E3]
Auf zwei Inseln, inmitten eines Sees, steht idyllisch ein märchenhaftes Schloss (40 km südwestl.). König Heinrich VIII. ließ die Festung aus dem 9. Jh. in einen Palast umbauen. *Tgl. 10–18 (Okt.–März bis 16) Uhr | Eintritt £ 14 | www.leeds-castle.com*

RYE [123 E5]
Mit seinen blumengeschmückten Häusern im Tudorstil gehört Rye (5400 Ew., 45 km südwestl.) zu den hübschesten Städtchen Englands. Schauen Sie im *Mermaid Inn* vorbei, einst Schmugglertreff, noch heute mit hauseigenem Geist *(Mermaid Street).*

LONDON

KARTE IN DER HINTEREN UMSCHLAGKLAPPE

[122 B–C 2–3] London ist eine Stadt, die nie ganz zu ergründen ist. Nicht nur weil sie so groß ist und eigentlich aus vielen kleinen Stadtteilen besteht, die unabhängig voneinander existieren. Sondern auch, weil die Sieben-Millionen-Metropole auf eine lange Geschichte zurückblickt, die bis heute lebendig ist. Gleichzeitig ist alles sehr modern. Berühmte Designer kommen aus der Stadt an der Themse, in London entsteht immer wieder gute Popmusik, und auch für Clubbing ist die Stadt einfach wunderbar. Die vielfältigen Einflüsse aus aller Herren Länder lassen London zum Erlebnis werden. Setzen Sie sich in einen der roten Doppeldeckerbusse und lassen Sie sich treiben. Gehen Sie nachmittags nach Covent Garden, dann zum Leicester Square und nach Soho. Überall ist etwas los, die Leute sitzen draußen, es wird Theater gespielt und Musik gemacht. Mehr Infos finden Sie im MARCO POLO „London".

SEHENSWERTES

BRITISH AIRWAYS LONDON EYE [U C4]
Das weltgrößte Riesenrad (137 m), zur Jahrtausendwende eröffnet: In gläsernen Kapseln London von oben sehen (30 Min.)! *Tgl. 10–20 Uhr (Juni–Sept. 10–21 Uhr) | Eintritt £ 15 | Tel. 0870/ 500 06 00 | Jubilee Gardens, South Bank | www.londoneye.com*

BRITISH MUSEUM ★ [U C2]
Das Museum besitzt Objekte von Weltruhm wie die Elgin Marbles, die

LONDON

den Parthenon in Athen schmückten, und den Stein von Rosetta, der die Entzifferung der Hieroglyphen ermöglichte. Für eine Pause empfiehlt sich das Dachrestaurant im Great Court über dem berühmten Lesesaal, in dem schon Karl Marx studierte. *Sa–Mi 10–17.30, Do/Fr 10–20.30 Uhr | Eintritt frei | Great Russell Street | www.thebritishmuseum.ac.uk*

Insider Tipp

SHAKESPEARE'S GLOBE THEATRE AND EXHIBITION [U E3]

In einer Ausstellung und auf Führungen werden der Nachbau von Shakespeares Theater (1599) und seine Theaterstücke erklärt. *Tgl. 10 bis*

>LOW BUDGET

> Selbst fangen: Die Restaurants in Brighton haben Preise wie in London. Eine super Alternative: Angeln Sie selber Makrelen bei einem Bootsausflug ab Brighton Marina (£ 12 zzgl. £ 2 für Ausrüstung), kaufen Sie einen billigen Einmalgrill und essen Sie am Strand. *Tel. 07958/ 24 64 14 | www.watertours.co.uk*

> Bahn und Bus in London: Einzelfahrten sind teuer. Erwerben Sie vor Ort an U-Bahn-Höfen oder noch besser vor der Reise nach England *(www.visitbritaindirect.com)* eine Oyster Card für stark verbilligte Fahrten: über £ 3 Pfand, aufladbar vor der Reise und vor Ort mit Beträgen ab £ 10.

> Camden Lock Market, London: Der große Markt ist bunt, chaotisch und multi-kulti. Alles Erdenkliche wird oft günstig verkauft – und Bummeln kostet ja nichts. *Tgl. 10–18 Uhr | Camden*

17 Uhr | Eintritt £ 9 | New Globe Walk, Bankside | www.shakespearesglobe.org | Kartenreservierung für die Aufführungen: Tel. 020/ 74 01 99 19

SOMERSET HOUSE [U C3]

Einst Finanzamt, heute Heimat der hochkarätigen Gemälde der Courtauld Gallery. Der Innenhof ist eine Oase in der lärmenden City. Attraktion im Winter: Schlittschuhlaufen im Fackelschein. *Tgl. 10–18 Uhr | Eintritt Hof frei, £ 5 für die Galerie | Strand, Waterloo Bridge*

TATE MODERN ★ [U E3]

Die Sammlung internationaler moderner Kunst seit 1900 ist nach dem British Museum die größte Attraktion der Metropole (phantastischer Ausblick vom ☀ Obergeschoss des ehemaligen Kraftwerks). *So–Do 10 bis 18, Fr/Sa 10–22 Uhr | Eintritt frei | Bankside Power Station | www.tate. org.uk.* Das Tate Boat *(£ 4,30)* bringt Sie schnell über den Fluss zum *London Eye* und zur *Tate Britain*, der Nationalsammlung britischer Kunst.

Insider Tip

WESTMINSTER ABBEY [U C4]

In dem herrlichen gotischen Bauwerk haben Krönungszeremonien, Hochzeiten und Beerdigungen vieler britischer Monarchen stattgefunden. Sehenswert: die Kapelle Heinrichs VII. *Mo–Fr 9.30–15.45, Sa 9.30 bis 13.45 Uhr | Eintritt £ 10 | Broad Sanctuary*

■ ESSEN & TRINKEN ■

THE TRAFALGAR HOTEL 🔊 [U C3]

Dachgarten mit Ausblick direkt am Trafalgar Square – genießen Sie ei-

Insider Tip

DER SÜDEN

nen Cocktail und prosten Sie Admiral Nelson auf seiner Säule zu. Nicht billig, aber eine erholsame Flucht aus dem Trubel. *2 Spring Gardens | Tel. 020/78 70 29 00 | Cocktail ab £ 12, Essen €€€*

■ÜBERNACHTEN

LONDON COUNTY HALL PREMIER INN CAPITAL [U C4]

Sehr einfach, aber im Zentrum (im ehemaligen Rathaus, direkt neben Westminsterbridge). *200 Zi. | Belve-*

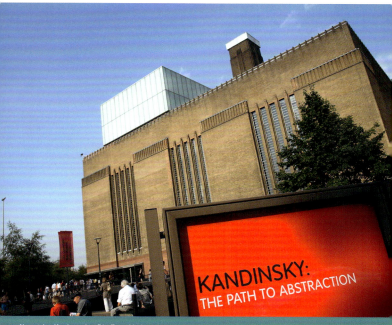

Kunst im Kraftwerk: Die Tate Modern besitzt die berühmtesten Meisterwerke der Moderne

■EINKAUFEN

CONDUIT STREET [U B3]

Die Straße zwischen Regent Street und Bond Street ist die Adresse für jugendliche Designermode. *Liberty (Ecke Regent Street/Great Marlborough Street)* steht seit 1875 für Mode und Wohnungseinrichtung in altenglischem Stil. Sehenswertes Interieur.

dere Road | Tel. 0870/238 33 00 | Fax 020/79 02 16 19 | www.premierinn.com | €€

■AUSKUNFT

BRITISH TRAVEL CENTRE [U B3]

1 Regent Street | Piccadilly Circus | kein Tel. | blvcinfo@visitbritain.org | Fax 78 08 38 01 | www.LondonTown.com; www.visitlondon.com

84 | 85

PORTSMOUTH

▪ ZIEL IN DER UMGEBUNG ▪

WINDSOR/ETON   [122 B2]

Schloss Windsor (40 km) ist das markanteste Symbol der britischen Monarchie. Durch den Namenswechsel der königlichen Familie 1917 von Sachsen-Coburg-Gotha zu Windsor wurden der Ort (31 000 Ew.) und das Schloss noch populärer. Das riesige Gelände wirkt wie ein Dorf, in dem trotz der vielen Touristen das normale Leben weitergeht. Interessant ist die *St. George's Chapel* mit den Grabsteinen der letzten zehn Monarchen. Hauptattraktion sind die 16 *State Apartments* (nur in Abwesenheit der Queen zu besichtigen, 17. Jh.) und die *State Gallery* (Gemälde, Möbel, *tgl. 9.45–17.15, Nov. bis Feb. 9,45–16.15 Uhr | Eintritt £ 14,20 | www.windsor.gov.uk)*. Am anderen Themse-Ufer befinden sich der Ort *Eton* und das berühmte *Eton College*. 1440 von Heinrich VI. ge-gründet, um 70 arme Jungen auf Kirchenämter vorzubereiten, bekommen bis heute 70 Knaben aus dem Volk ein Stipendium, der Rest zahlt. 18 Premierminister sind hier zur Schule gegangen, Prinz Harry war auch Schüler in Eton. Geführte Touren und Schulmuseum. *Zur Schulzeit tgl. 14–16.30, in den Ferien ab 10.30 Uhr | Eintritt £ 4,20 | Führungen um 14.15/15.15 Uhr | £ 5,50 | Tel. 01753/67 11 77 | www.etoncollege.com*

PORTSMOUTH

[121 F5] Die alte Hafenstadt (190 000 Ew.) erlebt eine wahre Renaissance. Mehrere Millionen Pfund wurden investiert, um das Hafenviertel Gunwharf Quays hypermodern auszubauen. Designershops, Restaurants und ein Multiplexkino laden ein. Im Ostteil, in Southsea (Kieselstrand), schuf übrigens Arthur Conan Doyle die Figur des Sherlock Holmes.

Die Isle of Wight bietet ganz unterschiedliche Küstenbilder, berühmt sind die Kreidefelsen

DER SÜDEN

SEHENSWERTES

HISTORIC DOCKYARD

Hauptsehenswürdigkeit ist die H.M.S. Victory (1765 gebaut), mit der Admiral Nelson 1805 bei Trafalgar siegte. Das berühmte Flaggschiff (60 m lang) ist mit fünf Decks und 104 Kanonen ausgestattet. *Tgl. 10 bis 17.30 Uhr | Eintritt £ 16,50*

SPINNAKER TOWER

Insider Tipp

Das mit 170 m höchste Gebäude des Landes außerhalb von London bietet einen atemberaubenden Panoramablick auf Hafen und Meer von drei Aussichtsplattformen. Achtung: Glasboden! *Tgl. 10–18, Sa 10–22 Uhr | £ 6,20 | www.spinnakertower. co.uk*

ESSEN & TRINKEN

TIGER, TIGER

Das Tiger, Tiger vereint Bars, Restaurant und Tanz. Alles von 12 bis 2 Uhr morgens. *Gunwharf Quays | www.tigertiger.co.uk | €*

ÜBERNACHTEN

SAILMAKERS' LOFT

Wunderbarer Blick über den Hafen. *4 Zi. | 5 Bath Square | Old Portsmouth | Tel. 02392/82 30 45 | Fax 29 59 61 | www.smoothhound.co.uk/ hotels/sailmakers.html | €*

AUSKUNFT

TOURIST INFORMATION CENTRE (TIC)

The Hard | Tel. 02392/82 67 22 | Fax 82 26 93 | www.portsmouthand.co.uk

ZIELE IN DER UMGEBUNG

BOURNEMOUTH [121 D6]

Bournemouth (265 000 Ew., 60 km) gilt vielen als das schönste der britischen Seebäder. Es kann mit 10 km feinem Sandstrand und Auszeichnungen für die beste Wasserqualität und die besten Strände aufwarten. Lange Zeit galt Bournemouth, bekannt für seine Parks, die guten Hotels und Restaurants, das Pavilion Theatre und ein eigenes Sinfonieorchester, als der ideale Ort für einen geruhsamen Lebensabend. Mittlerweile macht jedoch die ▶▶ Partyszene von Bournemouth sogar Brighton Konkurrenz, sodass außer Sprachschülern aus aller Welt auch Jugendliche mit anderen Interessen hierher kommen. Groß ist das Wassersportangebot von Surfen und Kitesurfen bis Segeln, Wasserski und Jetski. *Auskunft: TIC | Westover Road | Tel. 0845/051 17 00 | Fax 01202/ 45 47 99 | www.bournemouth.co.uk, www.islandbreaks.co.uk*

ISLE OF WIGHT [121 E–F6]

Die Insel (125 000 Ew., 15 km) ist England im Kleinformat, mit charaktervollen Städten und 40 km sauberem Strand. Der einzige Unterschied: Es ist meist etwas wärmer und geht noch geruhsamer zu. Von manchen als Rentnerinsel abgetan, soll die Isle of Wight nun als Paradies der Extremsportler propagiert werden: Paragliding, Mountainbiking und Ribbing. In einem Boot mit mächtigem Außenmotor werden die Gäste dabei über die Wellen gejagt. Auch Wandern ist hier herrlich, z. B. der Lieblingsspaziergang des Hofdichters Tennyson *Insider Tipp* im 19. Jh., heute ab Parkplatz Freshwater Bay über Tennyson Down zum Felsenvorsprung The Needles mit Küstenblick. Die meisten Besucher zählt *Osborne House,*

ST. IVES

einst Sommersitz von Königin Victoria *(April–Sept. tgl. 10–18, Okt. bis März Mi–So 10–16 Uhr | Eintritt £ 9,80). Auskunft: TIC | Cowes | Fountain Quay | Tel. 01983/81 38 18 | www.iwight.com*

NEW FOREST [121 E5]

Das ehemalige Jagdgebiet (1079 gegründet) ist heute Nationalpark mit Sehenswürdigkeiten wie der Zisterzienserabtei von *Beaulieu* (13. Jh., kunstvolle Lesekanzel im Early-English-Refektorium) und wohlhabenden Orten wie *Lyndhurst* (45 km nordwestl.). Amüsant sind die wild lebenden Ponys, die nicht selten einen Verkehrsstau provozieren. Im *New Forest Museum & Visitor Centre (tgl. 10–17 Uhr | Eintritt £ 3 | High Street | Lyndhurst | Tel. 02380/ 28 34 44)* erfahren Fans von „Alice im Wunderland" alles über das kleine Mädchen Alice Lidell *(www. thenewforest.co.uk).*

WINCHESTER [121 F4]

Die wohlhabende Kathedralenstadt (50000 Ew., 35 km) war unter den Angelsachsen Hauptstadt Englands. Hauptsehenswürdigkeit ist die *Kathedrale* (11.–14. Jh.), in der mehrere englische Könige und Jane Austen begraben sind. In der *Great Hall* von Winchester Castle, der Burg, hängt der *Round Table*, an dem sich die Ritter von König Artus Tafelrunde der Sage nach versammelt haben. Interessant sind Führungen durch *Winchester College* (1382 gegründet), der ältesten Privatschule des Landes *(Mo–Sa 10.45, 12 Uhr; Mo, Mi, Fr, Sa, So 14.15 und 15.30 Uhr | £ 3,50). Auskunft: TIC | Guild-*hall *| Broadway | Tel. 01962/84 05 00 | www.visitwinchester.co.uk*

ST. IVES

[118 A5] ⭐ Seit mehr als hundert Jahren ist das hübsche Fischerdorf St. Ives (9500 Ew.) am westlichsten Zipfel von Cornwall mit seinen Gassen und den kleinen Geschäften traditioneller Künstlertreff. Außerdem hat St. Ives die besten Strände des Landes zu bieten.

◼ SEHENSWERTES ◼◼◼◼

HEPWORTH MUSEUM UND SKULPTURENGARTEN

Barbara Hepworth (1903–1975) war eine der bedeutendsten Bildhauerinnen des 20. Jhs. In Haus und Garten wird das Werk der Künstlerin ausgestellt. *Tgl. 10–17.30 Uhr | Eintritt £ 4,75 | Ayr Lane*

TATE GALLERY

Die Außenstelle der Londoner Galerie mit 1000 Werken der Region und des 20. Jhs. ist ein architektonisches Meisterwerk. *Tgl. 10–17.30 Uhr | Eintritt £ 5,75 | Porthmeor Beach | www.tate.org.uk/stives*

◼ ESSEN & TRINKEN ◼◼◼◼

PORTHMINSTER BEACH CAFÉ

Inside Tip

Direkt am Strand mit Blick auf die St. Ives Bucht. Fisch und vegetarische Gerichte. *Porthminster Strand | Tel. 01736/79 53 52 | €€–€€€*

◼ ÜBERNACHTEN ◼◼◼◼

CHY ROMA

Zentral gelegenes Haus mit Hafenblick. *6 Zi. | 2 Seaview Terrace | Tel. 01736/79 75 39 | www.connexions. co.uk/chyroma | €–€€*

> **www.marcopolo.de/england**

DER SÜDEN

AUSKUNFT
TOURIST INFORMATION CENTRE (TIC)
Guildhall | Street-an-Pool | Tel. 01736/79 62 97 | Fax 79 83 09 | www.cornwalltouristboard.co.uk

ZIELE IN DER UMGEBUNG
EDEN PROJECT [118 C5]
Ein Regenwald unter einer Kunststoffkuppel (75 km nordöstl.). *Tgl. 10–18 Uhr | Eintritt £ 12,50 | St. Austell | Tel. 01726/81 19 11 | www.edenproject.com*

LAND'S END [118 A6]
Der westlichste Zipfel der Insel (35 km). Bewegen Sie sich weg von den Touristenströmen und laufen Sie ein Stück auf dem Cornwall Coastal Path zum *Minack Theatre,* das spektakulär in die Klippen hineingebaut worden ist. Die Aufführungen vor dieser Kulisse sind ein Erlebnis! *Karten: Tel. 01736/81 01 81 | www.minack.com).* Unterkunft: *Bosvargus Barn | B & B | 3 Zi. | Cheryl Furey | St. Just | Tel. 01736/78 73 56 | www.bosvargusbarn.me.uk | €*

St. Ives: Urlaubsparadies mit goldgelben Sandstränden und malerischem Fischerhafen

NEWQUAY ▶▶ [118 B4]
Newquay (50 km) ist die unbestrittene Surfhauptstadt Englands, in der Wettkämpfe auf Weltniveau veranstaltet werden. Die sonst ruhige Stadt schwillt im Sommer von 20000 auf 120000 Menschen an. *www.newquayguide.co.uk*

> VON BERGEN, MOOR UND MEER

Schnuppern Sie englische Luft: Meeresbrise in Ostengland, Sturmhöhen in Yorkshire, Bergluft im Lake District

Die Touren sind auf dem hinteren Umschlag und im Reiseatlas grün markiert

1 NATURERLEBNIS: EINE FAHRT DURCH DEN LAKE DISTRICT

Bei gutem Wetter ist die Rundreise von ca. 120 km ein besonderes Vergnügen. Doch auch an einem trüben Tag sollten Sie sich nicht abhalten lassen. Der Lake District sieht bei jedem Wetter wunderschön aus. Wenn Sie eine Wanderung um den Wast Water vorhaben und vielleicht sogar den höchsten Gipfel der Region, den Scafell Pike (978 m), erklimmen möchten, sollten Sie sich für die Tour mindestens zwei Tage Zeit nehmen.

Ausgangspunkt der Fahrt ist das viktorianische Ambleside im Zentrum des Lake District. Das Marktstädtchen, das im Sommer viele Touristen aufnimmt, ist Treff- und Ausgangspunkt für Wanderer und Kletterer.

Von Ambleside fahren Sie westlich ein Stück auf der A 593, danach auf einem Abzweig weiter westlich durch Little Langdale zum Wrynose

Bild: Lake District

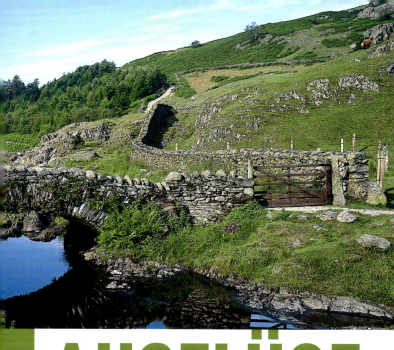

AUSFLÜGE & TOUREN

Pass. Auf kurvenreichen Straßen geht es an Bächen vorbei zum ☀ **Hardknott Pass** (393 m). Mit 30 Prozent Steigung ist der Weg hinauf der steilste in ganz England. Oben angelangt haben Sie bei gutem Wetter eine hervorragende Sicht auf Tal und Berge. Mit etwas Glück ist in der Ferne sogar die Isle of Man zu erspähen. Bei jedem Wetter zu sehen sind die für den Lake District typischen Herdwickschafe, die sich den rauen Bedingungen in dieser Höhe bestens angepasst haben. Auf dem Weg ins Eskdaletal kommen Sie auf halber Höhe an den römischen Ruinen des ☀ **Hardknott Forts** vorbei. Klettern Sie hinauf, und genießen Sie den Blick übers Land.

Im Tal angelangt, werden Sie rechter Hand die Station der **Ravenglass-&-Eskdale-Schmalspur-Dampflokomotive** sehen. Die älteste noch in Betrieb befindliche Schmalspurbahn Englands fährt heute vor allem Touristen die 11 km bis nach *Ravenglass (www.ravenglass-railway.co.uk)*. Früher transportierte sie Eisenerz von den Bergen an die Küste. Mit dem Auto geht es weiter in Richtung Meer. Bei einer Weggabelung stoßen Sie direkt auf einen Pub. Dort fahren Sie nördlich in Richtung Santon Bridge und dann nach Nether Wasdale zum Wast Water. Mit 260 m ist er der tiefste See Englands. Am Ufer entlang führt eine schöne Wanderung mit Blick auf die Berge (10 km). Am anderen Ende des Wast Water, in Wasdale Head, beginnt der Aufstieg zum höchsten Berg Englands, dem Scafell Pike (978 m). Auf dem Weg zum Gipfel liegt die Herberge *Wasdale Head Inn (Tel. 019467/262 29 | Übernachtung €€€, Restaurant €€ | www.wasdaleheadinn.co.uk)*.

Diejenigen, die auf die Wanderung verzichten, fahren vom See zurück in Richtung Gosforth und von dort aus auf der A 595 über Calder Bridge auf einer abzweigenden Straße nach Ennerdale Bridge. Herrliche Ausblicke auf jeder Seite: links das Meer, rechts die Täler. Immer wieder sehen Sie die für diese Gegend typischen Schiefermauern, mit denen die Farmer ihr Land abgrenzen. Hinter Lamplugh geht es nach rechts über Loweswater nach Buttermere. Am See gelegen, umgeben von den höchsten Bergen der Region und vielen Wasserfällen, ist der Ort ein beliebter Ausgangspunkt für Bergwanderungen.

Die Fahrt führt weiter über den Honister Pass durch das Borrowdale entlang dem Derwent Water nach *Keswick (S. 34)*. Falls Sie noch Muße haben, sollten Sie unbedingt ein Stückchen die A 66 nach Osten entlangfahren und sich den Castlerigg Stone Circle (S. 35) ansehen. Die 5000 Jahre alten Steine bringen die vorgeschichtliche Vergangenheit näher, ohne etwas von ihrem Zauber preiszugeben.

2 LITERARISCHE SPURENSUCHE IN BRONTË-COUNTRY

Für diese Wanderung von ca. 15 km sollten Sie einen guten Vormittag einplanen und auf jeden Fall festes Schuhwerk dabeihaben. Der Weg ist leicht, nur auf dem Stück zum Top Withins geht es ein wenig bergauf. Egal welches Wetter Sie erwischen, Sie werden die Tour genießen und die Brontë-Schwestern und ihre Bücher nach der Wanderung durch Brontë-Land sicher besser verstehen.

Stratford-upon-Avon *(S. 60)* ist unbestritten der meistbesuchte literarische Ort auf den Britischen Inseln. Doch gleich danach folgt Haworth, ein kleiner, hügeliger Ort im Norden Englands, in den Mooren von Westyorkshire. Hier lebten in der Mitte des 19. Jhs. die Brontës, Englands berühmteste Literatenfamilie. Die Bücher der Pfarrerstöchter Charlotte, Emily und Anne sowie ihr früher Tod machten den Ort zur literarischen Pilgerstätte. Auf einer Wanderung durch das im Herbst mit Heidekraut bedeckte Moor von Haworth nach Top Withins lernen Sie die Landschaft kennen, die so bildhaft in den Romanen beschrieben ist. Ausgangspunkt ist das Brontë-Museum in Haworth. Ortsauswärts ist der Weg nach Peninstone Hill (1 km) ausgewiesen. Von dort geht es – ebenfalls gut ausgeschildert – zu den Brontë-Wasserfällen.

> *www.marcopolo.de/england*

AUSFLÜGE & TOUREN

Die drei Schwestern bezeichneten den schönen Platz als den „Treffpunkt des Wassers", das hier von drei Seiten herabströmt und sich in einem Fluss zusammenfindet. Übersehen Sie nicht den Stein, der an einen Sessel ohne Lehne erinnert und von den Leuten im Ort „Charlottes Stein" getauft wurde. Danach wird die Tour etwas anstrengender. Um zu den „Sturmhöhen" zu kommen, müssen Sie die Brontë-Brücke überqueren und dann leicht bergauf gehen. In der Ferne verspricht das Gehöft von Top Withins die baldige Ankunft. Nach gut 6 km Fußmarsch oben angelangt, können die Wanderer den frischen Wind und an schönen Tagen den Ausblick weit über das Haworth Moor genießen. Die Anhöhe Top Withins soll übrigens Emily Brontë zu ihrem Buch „Sturmhöhen" inspiriert haben.

Zurück geht es immer abwärts nach Haworth. Viele Sehenswürdigkeiten des Ortes stehen in enger Verbindung mit den Brontës, z. B. das Pfarrhaus, das die Brontë-Gesellschaft den überlieferten Beschreibungen nach restauriert hat *(tgl. 10 bis 17.30, Okt.–März 11–17 Uhr | Eintritt £ 5,50 | Tel. 01535/64 23 23 | www.bronte.org.uk)*. Zwischen dem Pfarrhaus und der Kirche, in der es eine kleine Gedenkstätte für die Familie gibt, befindet sich der Friedhof. Die Grabstätten zeigen, dass nicht allein die Brontë-Familie den viel zu frühen Tod vieler Angehöriger zu beklagen hatte. Allein mit Alkohol konnte der Kummer betäubt werden. Pubs gab es genügend im Ort. Sie florieren bis heute. Es heißt, dass Branwell, der einzige, talentierte, doch erfolglose Sohn der Familie, im Black Bull so manches Glas zu viel getrunken hat. Entlang der kopfsteingepflasterten Straße wird mit den Schwestern Kasse gemacht: Brontë-

Zeugnis prähistorischer Kultur: der Castlerigg Stone Circle bei Keswick

92 | 93

Bücher, Brontë-Tassen, Brontë-Duft-
tücher. Gutes Essen und Unterkunft
bietet Weavers Restaurant *(3 Zi. | Bed
& Breakfast | 15 West Lane | Tel.
01535/64 38 22 | Fax 64 48 32 |
www.weaversmallhotel.co.uk).* Infos
unter *www.bronte-country.com*

3 EAST ANGLIA: KULINARISCHE KÜSTENTOUR

**East Anglia ist unter Ausländern
trotz seiner schönen Küste, der
idyllischen Dörfer und kleinen Städtchen mit den typischen Fachwerkhäusern wenig bekannt. Genießen Sie die
Tagestour von etwa 60 km, die meist auf
einsamen Nebenstraßen verläuft. Probieren Sie köstlichen Fisch und frische
Austern, und lassen Sie sich in vergangene Zeiten zurückversetzen.**

Erstes Ziel ist das hinter einem
Aufforstungsgebiet versteckte **Orford**
(von der A 12 über Woodbridge in
Richtung Küste). Genießen Sie gleich
dort Austern und Lachs. Die Pinney-
Familie führt die **Butley Orford Oysterage**
seit über 50 Jahren *(tgl. 12–14.15,
abends nur April–Okt. Mi–Sa 18.30*

*bis 21 Uhr | Tel. 01394/45 02 77 |
€€).* Der Fluss Alde ist reich an
Plankton, sodass gute, dicke Austern
wachsen. Oder Sie besorgen sich Fo-
relle, Brot und Wein und picknicken
am Fluss. Wie wär's nach dem Essen
mit einer Segeltour? Vom Hafen aus
werden u. a. Touren zum **Orford Ness**,
einer als Naturschutzgebiet bedeu-
tenden Kiesbank (16 km lang),
durchgeführt. Zurück im Dorf besichtigen Sie die 30 m hohe ☆ **Burg**
aus dem 12. Jh. *(tgl. 10–18 Uhr | Ein-
tritt £ 4,70).* Die beste Adresse zum
Übernachten ist das *Crown and
Castle (18 Zi. | Tel. 01394/45 02 05 |
www.crownandcastle.co.uk | €€€).*

Von Orford geht die Fahrt auf der
B 1084 in Richtung **Snape Street**. Nach
Feldern und einsamen Bauernhöfen
sehen Sie rechter Hand **Snape Maltings**,
eine umgebaute viktorianische Mäl-
zerei mit modern designten Geschäften, dem Pub-Restaurant *Plough and
Sail* und Ferienwohnungen *(Restau-
rant €–€€ | Tel. 01728/68 84 13 |
www.snapemaltings.co.uk).* Auf dem
Gelände befindet sich außerdem eine
Konzerthalle, die europaweit für ihre

Kilometerlange Wanderwege führen durch die Heidelandschaft bei Dunwich Heath

AUSFLÜGE & TOUREN

hervorragende Akustik bekannt ist. Alljährlicher Höhepunkt ist das im Juni stattfindende internationale *Aldeburgh-Musikfestival*. Benjamin Britten, berühmtester Sohn der Stadt, hat die Konzertreihe 1948 begründet.

Von Snape Maltings sind es auf der A 1094 nur wenige Minuten bis Aldeburgh. Das charmante Seebad mit seinem Kieselsteinstrand ist ein beliebter Urlaubsort. Nach übereinstimmender Meinung gibt es in Aldeburgh den besten Fish & Chips in ganz Ostengland. Britten-Verehrer werden das Grab des Komponisten auf dem Friedhof der Aldeburgh Church besuchen.

Von Aldeburgh führt ein Weg in Richtung Norden nach Thorpeness. Der Ort ist ein Modelldorf aus der Edwardian-Zeit (1901–1914). Besonders bekannt ist das „Haus in den Wolken", ein Wasserturm mit Ferienwohnungen auf der Spitze.

Die nächste Etappe in Richtung Dunwich führt auf der B 1122 über Westleton. Das Westleton-Minsmere-Reservat, eines der größten Vogelschutzgebiete des Landes, ist einen Stopp wert. Ein Spaziergang durch

das Heideland, den Wald und die Lagunen ist eine gute Abwechslung zum Autofahren. Hinter Westleton führt eine kleine Nebenstraße (ohne Nummerierung) rechts ans Meer nach Dunwich. Der Ort ist eigentlich ein Paradox. Denn die Leute kommen, um zu sehen, was es nicht (mehr) gibt. Zu Zeiten der Angelsachsen war Dunwich die größte Stadt der Region. Heute liegen sechs Kirchen, drei Kapellen, ein Kloster und viele Häuser auf dem Meeresgrund. Zentimeter um Zentimeter frisst sich das Meer in die Küste. Im Museum von Dunwich *(St. James Street | tgl. 11.30–16.30 Uhr | Eintritt frei)* wird die Chronik des Verschwindens erzählt. Die letzte Kirche versank in den 1930er-Jahren im Meer. Die Engländer, die Spukgeschichten lieben, meinen, dass man bis heute die Glocken der versunkenen Kirchen hören kann. Ein hervorragendes Motiv für Schriftsteller. Kein Wunder also, dass Dunwich Handlungsort vieler Krimis ist.

Southwold ist das letzte Ziel der Tour. Wer zu Fuß laufen möchte, geht von Dunwich am Strand entlang, Autofahrer und Radler gelangen über die A 12 und die A 1095 in den eleganten Badeort. Southwold ist eine Art Mini-Bath mit Regency-Villen und kleinen Greens, um die sich die Häuser wohlhabender Bürger gruppieren. Die Stadt hat mit Seebrücke und Leuchtturm alles, was einen Badeort ausmacht. Außerdem finden Sie hier gute Hotels mit Restaurants wie *The Swan (High Street | Tel. 01502/72 21 86 | €€€)* und *The Crown (High Street | Tel. 01502/72 22 75 | €€€)*; bester Pub: *The Lord Nelson.*

EIN TAG IN MANCHESTER
Action pur und einmalige Erlebnisse.
Gehen Sie auf Tour mit unserem Szene-Scout

VERY BRITISH! — 8:30
Full English Breakfast in der angesagten *Kro Bar*: Mit knusprigem Bacon, Spiegeleiern, Tomaten und Bohnen in den Tag starten. Wer danach noch kann, testet den *Black Pudding*. Die gebratene Blutwurst mit Hafer ist quasi Kulturerbe! Im loungigen Ambiente mit Open-Air-Bereich kommen natürlich auch Vegetarier auf ihre Kosten. **WO?** *325 Oxford Road | Tel. 0161/274 31 00 | www.kro.co.uk*

10:00 — DIE GROSSE ROLLE
Jetzt geht's rund! In einer riesigen, durchsichtigen *Zorbing-Kugel* die englischen Berge hinunterrollen. Gut befestigt landet man garantiert weich! Auf Wunsch auch im Waschmaschinenschleudergang: mit einem Freund an der Seite und Wasser im Zwischenraum. Actionreich und lustig! **WO?** *Manchester South | von April bis Oktober | nur mit Voranmeldung: Tel. 0844/884 49 95 | Kosten: ab £ 45 | www.exelement.co.uk*

SUPPE SCHLÜRFEN IM TRENDVIERTEL — 12:00

Ab in die Suppenküche! In der stylishen *Soup Kitchen* mit Wohnzimmeratmo, schweren roten Vorhängen und riesigen Holztischen aus der opulenten Karte wählen: lieber Karotte-Koriander oder Süßkartoffel mit Bacon? Die Auswahl ist riesig, die Preise klein. Für den größeren Hunger gibt's Quiche mit Spargel. Lecker! **WO?** *31–33 Spear Street | Tel. 0161/236 51 00 | www.soup-kitchen.co.uk*

14:00 — TRIP DURCHS NORTHERN QUARTER
Entdeckungstour durch Manchesters Place to be! Alternative Szene, Modedesigner, Ausstellungen und jede Menge Ateliers – im Northern Quarter gibt's einiges zu erleben! Ein Highlight: das *Manchester Craft and Design Centre* mit Schmuck, Installationen aus Löffeln und Interiordesign. Tipp: Zwischendurch im *Cafe Aromat* pausieren. **WO?** *17 Oak Street | www.craftanddesign.com*

24 h

GLAMOURÖSES DINNER
18:00
Im *Obsidian* wie ein VIP den Abend beginnen. Auf riesigen hellen Ledersesseln oder in einem der Separees hinter orangefarbenen Vorhängen Artischockenravioli oder schottischen Lachs vom Grill genießen. Dazu von coolen Lichteffekten beeindrucken lassen und danach einen Digestif an der weiß leuchtenden Bar nehmen. **WO?** *18–24 Princess Street | Tel. 0161/238 43 48 | www.obsidianmanchester.co.uk*

20:00
LET IT ROCK!
Ab ins legendäre *Roadhouse:* Hier spielten einst Bands wie *Oasis* und *The Verve,* heute gibt's fast jeden Abend ein anderes Livekonzert von angesagten Newcomern und Local Heros. Vorher auf der Website nach den aktuellen Acts schauen oder sich einfach überraschen lassen. Mitrockgarantie! **WO?** *8 Newton Street | www.theroadhouselive.co.uk*

GEISTERSTUNDE
23:30
Gruseln ist angesagt! Auf der Geistertour durch die City der Gespensterstadt Manchester sträuben sich die Nackenhaare! Es könnte durchaus sein, dass in den dunkelsten Ecken und Winkeln der Stadt plötzlich mysteriöse Wesen auftauchen und an einem vorbeiflitzen... **WO?** *5 Oak Street | nur mit Voranmeldung: info@gameplanevents.co.uk | www.gameplanevents.co.uk*

24:00
COCKTAIL MIT AUSSICHT
Zum Schluss geht's noch einmal hoch hinaus – 23 Stockwerke, um genau zu sein! Im *Cloud 23* im ultraschicken *Beetham Tower,* loungt es sich mit einem fantastischen Blick über die Lichter der Stadt. Der Dresscode lautet Smart-Casual, das Motto „Nur kein Stress"! Rauf kommt man mit dem Expressaufzug. Stylishes Ambiente, köstliche Cocktails – was will man mehr? **WO?** *Hilton, 303 Deansgate | Tel. 0161/870 16 00*

> GOLF & CO. FÜR JEDERMANN

Probieren Sie mal etwas Neues: Ein Handicap braucht hier niemand, um den Schläger zu schwingen. Oder wie wäre es mit Lachseangeln und Wasserski?

> Die Engländer reden gern über Sport, es ist ihr Thema Nummer eins. Intensiv werden die Fußballresultate diskutiert, und samstags sind alle Straßen verstopft, wenn Rugby gespielt wird.

Über eines sind die Engländer jedoch untröstlich: Zwar wurden viele Sportarten auf der Insel erfunden, doch gehört man heute nur noch bei wenigen zur Weltspitze. Die Engländer reden jedoch nicht nur über Sport, er wird auch tatsächlich betrieben. Selbst für Touristen ist das nicht zu übersehen. Dorfanger und sogar kleine Gemeindewiesen werden sonntags zum Kricketfeld, auf dem weiß gekleidete Männer – zu für jeden Ausländer schwer verständlichen Regeln – stundenlang begeistert spielen. Auch Rudern steht hoch im Kurs. Tennis und Golf zählen auf der Insel zum Volkssport. Wer sich vor seiner Reise topaktuell über die zahlreichen Sportmöglichkeiten infor-

> *www.marcopolo.de/england*

SPORT & AKTIVITÄTEN

mieren möchte, kann dies auf der entsprechenden Seite der britischen Fremdenverkehrszentrale tun: *www.visitbritain.de*

■ ANGELN

Die englische Anglervereinigung ist die größte Sportorganisation des Landes. Wer im Meer angeln will, braucht keine Zulassung. Für Flüsse und Seen muss man sich bei der lokalen Behörde, meistens ist es die örtliche Post, eine so genannte *rod licence* besorgen. Eine Tageskarte kostet £ 3,25, eine Wochenkarte £ 8,75. Für Lachse und Forellen liegen die Preise höher. Besonders beliebt ist das Lachseangeln. Der Fluss Wye an der Grenze zu Wales ist das beste Gebiet dafür. Forellenfischen im Fluss Test, nördlich von Southampton, ist ebenfalls zu empfehlen. *Angling Foundation | Tel. 02476/41 49 99 | www.fishing.co.uk*

Insider Tipp

98 | 99

BOOTFAHREN

England verfügt über ein dichtes Netz von Kanälen und Flüssen, das fast vollständig Urlaubern vorbehalten ist. Mieten Sie ein Boot, und erkunden Sie die Gegend. Wer es nicht so aktiv mag, lässt sich von erfahrenen Crews durch die Kanäle schippern. Für Westengland: *Drifters Leisure | Tel. 0844/984 03 22 (in GB), 01252/79 64 04 (vom Ausland) | www.drifters.co.uk. Clifton Cruisers (Tel. 01788/54 35 70 | Fax 57 97 99 | www.cliftoncruisers.co.uk)* in Rugby bietet Boote für vier bis zehn Personen an. Fahrten in den Norfolk Broads organisiert *Blakes Holidays.* Allgemeine Informationen unter *Tel. 0870/220 24 98 | www.blakes.co.uk*

GOLF

England ist ein Paradies für Golfspieler. Golfen ist hier vielerorts ein Massensport und überhaupt nicht versnobt. Die Auswahl an Plätzen ist auf der Insel riesengroß: Der *Royal West Norfolk Golf Club (Tel. 01485/21 02 23)* und der Inlandkurs in *Woodhall Spa,* Lincolnshire *(Tel. 01526/35 25 11)*, gehören zu den besten in ganz Ostengland. In Southport bei Liverpool gibt es sechs Plätze, z. B. den *Royal Birkdale (Tel. 01704/56 79 20)*. Auf öffentlichen Plätzen kostet eine Runde Golf pro Person ab £ 10 *(www.golf.co.uk)*.

PFERDERENNEN & REITEN

Die Briten sind große Pferdeliebhaber, und Pferderennen sind ein Höhepunkt im gesellschaftlichen Kalender. Weltweit berühmt ist das im Juni stattfindende viertägige *Royal Ascot* bei London. Die schönste Rennstrecke ist nach Meinung vieler Experten diejenige in Goodwood, Nähe Chichester *(www.goodwood.co.uk)*. Die längste Tradition kann Chester aufweisen. Im Mai finden die *Chester Races* statt. Wer Reiten dem Zuschauen vorzieht, findet überall im Land Reitställe, in denen man Pferde leihen kann *(www.bhs.org.uk)*.

RADFAHREN

Viele Jahre galt die Insel als nicht besonders fahrradfreundlich. Das hat sich inzwischen geändert. Das *National Cycle Network* umfasst jetzt 10 000 km an Fahrradwegen. So kann das Land von Küste zu Küste von West nach Ost auf der *Sea to Sea Cycle Route* (225 km, blaue Schilder C2C) sicher durchradelt werden. Wer nicht gern über Hügel fährt, wählt lieber die landschaftlich und geschichtlich reizvolle Strecke durch das Themse-Tal (155 km), die von London nach Oxford führt. Reiseveranstalter wie *Compass Holidays (Tel. 01242/25 06 42 | Fax 52 97 30 | www.compass-holidays.com)* bieten Touren sowie Gepäcktransporte an. Eine gute Fahrradstrecke ist auch der Weg zwischen Harwich und Hull (500 km). *Sustrans | Bristol | Tel. 0845/113 00 65 | www.sustrans.org. uk*. Mountainbiker wählen die Nationalparks, z. B. Yorkshire Dales *(www.mtbthedales.org.uk)*.

SEGELN & SURFEN

England ist eine alte Seefahrernation, und Segeln ist bis heute sehr beliebt. Im Solent, zwischen Südengland und der Isle of Wight, tummeln sich Segelboote und Yachten. Unter Surfern der Hit ist Newquay mit seinen elf

> *www.marcopolo.de/england*

SPORT & AKTIVITÄTEN

Der Reitsport hat in England eine lange Tradition und ist bis heute sehr beliebt

Stränden, an denen das ganze Jahr über Surfmeisterschaften ausgetragen werden. Wer Surfen lernen will, hat hier viele Schulen zur Auswahl *(www.surfnewquay.co.uk)*. Auch im Norden wird Wassersport groß geschrieben. Das *Low Wood Watersport Centre* am Lake Windermere, dem größten See des Landes, bietet Segeln, Motorbootfahren, Wasserski und Tauchen an *(Tel. 0159/343 94 41 | www.elh.co.uk/watersports.htm)*. Die Insel Wight an der Südküste entwickelt sich zum Zentrum für Abenteuersport wie *Kitesurfing (Sailing Academy | Tel. 01983/29 49 41 | www.uksa.org)*.

WANDERN

Die Engländer wandern gern, und ihre Organisation, die *Ramblers Association*, ist eine der einflussreichsten im Land. Das Netz an Wanderwegen ist dicht. In allen Landesteilen gibt es Fernwanderwege. Der bekannteste ist der 430 km lange *Pennine Way* vom Peak District zur schottischen Grenze. Landschaftlich wunderbar sind auch der 285 km lange *Offa's Dyke Footpath* entlang der Grenze zu Wales und der *South West Coast Path* rund um die Küste von Dorset über Devon und Cornwall nach Somerset. Mit 1014 km ist letzterer kaum in einem Urlaub zu bewältigen, aber es ist überall möglich, kurze Teilstrecken zurückzulegen. Weniger bekannt ist der *North Norfolk Coast Path*. **Insider Tipp** Er führt in leichten Tagesetappen 74 km von Hunstanton bei King's Lynn nach Sheringham. Unterwegs kommt man an herrliche Sandstrände, geht durch Naturschutzgebiete und findet einladende Kneipen *(www.nationaltrail.co.uk)*. Bei der Orientierung helfen die Ordnance Survey Maps (in Buchhandlungen erhältlich).

> SPIEL, SPASS, SPANNUNG

Superschnell und schaurig-schön geht es in den Freizeitparks zu, spannend-lehrreich in den Museen. Hier wird selbst der größte Museumsmuffel bekehrt

> Urlaub mit Kindern in England ist unterhaltsam und abwechslungsreich. Angebote der Museen und vieler Sehenswürdigkeiten sind oft auf Kinder ausgerichtet: Interaktiv und anschaulich wird Wissen vermittelt.

Vielerorts gibt es inmitten der berühmtesten Sehenswürdigkeiten gut ausgestattete Abenteuerspielplätze, Seen mit Bootsverleih oder Miniatureisenbahnen. Die 32 staatlichen Topmuseen gewähren Kindern freien Eintritt. Der Eintritt für die anderen Museen ist dagegen oftmals sehr teuer. Die folgenden Preise für Familientickets gelten in der Regel für zwei Erwachsene und zwei Kinder bei Kauf vor Ort; Online-Kauf ist oft viel billiger.

■ DER NORDEN

BEAMISH OPEN AIR MUSEUM [133 E5]
Das preisgekrönte Freilichtmuseum führt Sie auf 120 ha zurück in das

> *www.marcopolo.de/england*

MIT KINDERN REISEN

England des 19. und frühen 20. Jhs. Sie rattern mit der Tram oder dem historischen Doppeldeckerbus über Kopfsteinpflaster, vorbei an historisch gekleidetem Personal, besuchen den Süßwarenladen, die Druckerei, die Bank und probieren das frisch gezapfte Bier im Pub. Die Grafschaft Durham war die Wiege der Eisenbahn. Hier fuhr 1825 die erste Passagierbahnlinie. Kein Wunder also, dass auch eine komplette Eisenbahnstation mit Lokomotiven, Stellwerk, Signalen und Fahrkartenhäuschen hierhin transportiert und neu aufgebaut wurde. Auch unter Tage können die Besucher fahren. Die Zeche wurde komplett wiederhergestellt. Außerdem werden Special Events und Sonderausstellungen geboten. *April–Ende Okt. tgl. 10–17 Uhr, letzter Einlass 15 Uhr | Familienticket £ 46 | www.beamish.ort.uk | 18 km südl. Newcastle (A 693)*

BLACKPOOL PLEASURE BEACH, BLACKPOOL TOWER [129 D–E4]

Die Freizeitparks des Landes wetteifern um die aufregendste Achterbahn. Zur Zeit hat das Seebad Blackpool die Nase vorn: *The Big One* im *Blackpool Pleasure Beach* ist mit 140 km/h und 70 m Höhe nach eigenen Angaben die schnellste der Welt. Es gibt aber auch Attraktionen für kleine Kinder. *Tgl. Feb.–Nov., unterschiedliche Öffnungszeiten | Tel. 0870/444 55 66 | Familientagespass £ 70 | www.blackpoolpleasurebeach.com*

Der 1894 nach dem Vorbild des Eiffelturms gebaute, 158 m hohe *Blackpool Tower* bietet Familienunterhaltung auf sieben Etagen mit Zirkus, Aquarien, und Abenteuerspielen. *April–Okt. tgl. 10–17 Uhr | Familienticket £ 43 | www.blackpooltower.co.uk*

FUSSBALL: STADIONTOUREN

Fußball – Englands große Leidenschaft! Viele Clubs bieten ihren Fans die Möglichkeit, einen Blick in den Club ihrer Träume zu werfen. In *Old Trafford*, dem Stadion von FC Manchester United [129 F5], geben ein Museum und die Stadiontour einen Einblick in den Spielbetrieb *(S. 40)*.

Auch der FC Liverpool [129 D5] ist weltweit beliebt. Angeboten wird eine Tour durch das Stadion, die Umkleidekabinen und den Spielertunnel. Im neuen Besucherzentrum können Fans viele Erinnerungsstücke bewundern und einen Film über den Club sehen. *Tgl. 10–17 Uhr | Museum und Tour Familienticket £ 25 | Anfield Road (A 5059) | Liverpool | Tel. 0151/260 66 77*

DER WESTEN

ALTON TOWERS [124 C2]

Im meistbesuchten Themenpark des Landes erwarten Sie besonders rasante Fahrten durch Wasser, Höhlen und vereiste Gewölbe. Außerdem gibt es zahlreiche Überraschungen. *Tgl. 9.30–18 Uhr | Familienticket £ 90 | Alton (M 6) | Tel. 08705/20 40 60 | www.altontowers.com*

IRONBRIDGE GORGE – BLIST HILL [124 C3]

Im Flusstal des Severn wird entlang der Ironbridge-Schlucht in neun Museen anschaulich Geschichte vermittelt. Überall können Kinder selbst Hand anlegen, Porzellan fertigen, Keramiken herstellen. Wirklich lustig ist *Blist Hill,* eine viktorianische Stadt. Der Rundgang beginnt in der Lloyds Bank, in der Sie historische Münzen wie Farthings und Halfpennys bekommen. Mit diesen können Sie dann überall in Blist Hill zahlen. Stilecht nach der Mode des 17./18. Jhs. gekleidete Schauspieler arbeiten in den Werkstätten und sind für jedes Gespräch offen. *Tgl. 10–17 Uhr | Pass für alle Museen Familienticket £ 46 | südlich von Telford (M 54, Abf. 4) | Tel. 01952/88 43 91 | www.ironbridge.org.uk*

DER OSTEN

PENSTHORPE WATERFOWL PARK [128 A2]

Im Wasserpark Pensthorpe im Tal des Wensumflusses hat einer der europaweit größten Bestände von bedrohten exotischen Wasservögeln eine Heimat gefunden. Vom beheizten Observatorium aus lassen sich die seltenen Vögel bequem beobachten. Auf die

> www.marcopolo.de/england

MIT KINDERN REISEN

Kleinen warten Spielplätze und das beliebte Messingrubbeln. *Tgl. 10 bis 17 Uhr | Familienticket £ 19,50 | Pensthorpe Waterfowl Trust | Fakenham (A 1067)*

PLEASUREWOOD HILLS [128 C4]

Für wilde Kinder und jung gebliebene Erwachsene ist dieser riesige Vergnügungspark mit seinem *For-*

▶ DER SÜDEN
CHESSINGTON WORLD OF ADVENTURE [122 B3]

Atemberaubende Fahrten stehen an der Spitze der Beliebtheitsskala in dem großen Erlebnispark in der Nähe von London: *Ramses Revenge* ist der Favorit, dicht gefolgt von *Vampire Ride, Dragon Falls* und *Rattlesnake* – viel versprechende Namen für ra-

Steine, Muscheln, Krebse: junge Strandforscher auf Entdeckungsreise

mula K Raceway, atemberaubenden Fahrten und über 40 Karussells genau das Richtige. Wer es etwas ruhiger mag, amüsiert sich bei den Shows: Die Seelöwen- und die Papageienshow sind bei den Kleinen die beliebtesten. *Juni–Anfang Sept. tgl. 10–17 Uhr | Familienticket £ 50 | A 12 zwischen Great Yarmouth und Lowestoft | Tel. 01502/58 60 00 | www.pleasurewoodhills.com*

sante Fahrerlebnisse. Nasswerden ist hier Pflicht. Ruhiger geht es dagegen bei den Tiergehegen und im neuen Sea Life Centre zu. Planen Sie für dieses Vergnügen unbedingt einen ganzen Tag ein! Für den großen Hunger gibt es Fastfood-Restaurants. *Tgl. 9.30–19.30 Uhr | Familienpass online ab £ 49 | Surrey (südlich von London | M 25 Ausfahrt 9 oder 10) | www.chessington.com*

> VON ANREISE BIS ZOLL

Urlaub von Anfang bis Ende: die wichtigsten Adressen und Informationen für Ihre England-Reise

ANREISE

AUTO UND FÄHRE

Der Eurotunnel ist die direkte Verbindung (Fahrtdauer 35 Min.). Tickets können Sie vorab bestellen *(Tel. 0180/500 02 48 | www.eurotunel.com | pro Auto ab £ 100, £ 70 für Nachtfahrten)* oder in den Terminals in Calais und Folkestone kaufen. Seien Sie mindestens 30 Minuten vor Abfahrt am Check-in. Die wichtigsten Fährverbindungen: Calais–Dover (1 Std.) | *www.seafrance.com;* Rotterdam/Zeebrugge–Hull (über Nacht), *www.poferries.com;* Hoek van Holland–Harwich (6,5 Std.), *www.stenaline.com;* Amsterdam (IJmuiden)–Newcastle (über Nacht), *www.dfdsseaways.de*. Die Preise variieren je nach Reise- und Buchungsdatum. Tickets, bei denen die Rückreise innerhalb von fünf Tagen angetreten werden muss, sind am günstigsten (ab ca. 90 Euro für ein Auto/2 Pers., für längere Fahrten ab ca. 150 Euro Hin- und Rückreise).

BAHN

Der Eurostar fährt von Brüssel bzw. von Paris nach London-St Pancras *(Fahrzeit Köln–London über Brüssel 4 Std. 40 Min.)*. Reservierung: *www.eurostar.com* oder Verkaufsstellen der Deutschen Bahn. Brüssel–London: günstigste Angebote ab 120 Euro für Hin- und Rückfahrt.

> WWW.MARCOPOLO.DE

Ihr Reise- und Freizeitportal im Internet!

> Aktuelle multimediale Informationen, Insider-Tipps und Angebote zu Zielen weltweit ... und für Ihre Stadt zu Hause!

> Interaktive Karten mit eingezeichneten Sehenswürdigkeiten, Hotels, Restaurants etc.

> Inspirierende Bilder, Videos, Reportagen

> Kostenloser 14-täglicher MARCO POLO Podcast: Hören Sie sich in ferne Länder und quirlige Metropolen!

> Gewinnspiele mit attraktiven Preisen

> Bewertungen, Tipps und Beiträge von Reisenden in der lebhaften MARCO POLO Community: Jetzt mitmachen und kostenlos registrieren!

> Praktische Services wie Routenplaner, Währungsrechner etc.

Abonnieren Sie den kostenlosen MARCO POLO Newsletter ... wir informieren Sie 14-täglich über Neuigkeiten auf marcopolo.de!

Reinklicken und wegträumen! *www.marcopolo.de*

PRAKTISCHE HINWEISE

FLUGZEUG

Durch die Ausweitung der Billigflüge ist es einfacher denn je, in alle englischen Regionen zu fliegen. Das Angebot verändert sich ständig. Hier eine Auswahl der bei Redaktionsschluss bestehenden Verbindungen: *nach London-Stansted für Ost- und Südengland:* Air Berlin, German Wings, Easyjet, Ryanair, *nach London-Heathrow für Süd- und Westengland:* British Airways, Lufthansa, *nach Birmingham (für Mittelengland und viele Ziele günstig):* British Airways, Lufthansa, German Wings, *nach Manchester für den Nordwesten:* British Airways, Lufthansa, Air Berlin, *nach Newcastle für den Nordosten:* TUIfly, Easyjet

AUSKUNFT

VISITBRITAIN

Dorotheenstr. 54 | 10117 Berlin | Tel. 01801/46 86 42 (zum Ortstarif) | Fax 030/31 57 19 10 | www.visitbritain.de | gb-info@visitbritain.de | Online-shop: z. B. Pässe für Verkehrsmittel und Sehenswürdigkeiten: www.visitbritaindirect.com

Aus Österreich: *s. Kontaktadresse in Berlin | Tel. 0800/15 01 70 (gebührenfrei) | a-info@visitbritain.org* Aus der Schweiz: *s. Kontaktadresse in Berlin | Tel. 0844/00 70 07 (zum Ortstarif) | ch-info@visitbritain.org* Die Internetseiten von VisitBritain enthalten eine Fülle von praktischen Informationen für Urlaubsreisen.

AUTO

Gewöhnungsbedürftig: Linksfahren. Es gibt keine allgemein gültige Vorfahrtsregel. An Kreuzungen wird die Vorfahrt fast immer markiert. Aber:

WÄHRUNGSRECHNER

€	£	£	€
1	0,79	1	1,26
3	2,37	3	3,78
5	3,95	5	6,30
10	7,90	10	12,60
30	23,70	30	37,80
50	39,50	50	63,00
90	71,10	90	113,40
150	118,50	150	189,00
500	395,00	500	645,00

Im Kreisverkehr *(roundabout)* hat derjenige Vorfahrt, der von rechts kommt. Höchstgeschwindigkeit in Ortschaften 30 Meilen (48 km/h), auf Landstraßen 60 Meilen (97 km/h), auf Autobahnen 70 Meilen (113 km/h). Pannenhilfe durch *AA Automobile Association | Tel. 0800/ 88 77 66 | RAC Royal Automobile Club | Tel. 0800/82 82 82.* Doppelte gelbe Linien am Straßenrand bedeuten absolutes Halteverbot, eine einzelne gelbe Linie eingeschränktes Halteverbot (Schilder beachten!).

BANKEN

Öffnungszeiten meist Mo–Fr 9.30 bis 15.30 Uhr, vereinzelt auch Samstagvormittag. Mit der Scheckkarte bekommen Sie an Automaten, in Wechselstuben und Reisebüros englische Pfund. Fast überall können Sie mit Kreditkarte zahlen.

CAMPING

Wildes Campen ist nicht erlaubt. Infos zu den lokalen Plätzen bei den Touristenämtern. Außerdem beim weltältesten Campingclub *Camping & Caravanning Club (Tel. 0845/ 130 76 31 | www.campingandcaravanningclub.co.uk)* und bei der *Forestry Commission (Tel. 0131/ 314 61 00 | www.forestholidays.co.uk).*

DIPLOMATISCHE VERTRETUNGEN

BOTSCHAFT DER BUNDESREPUBLIK DEUTSCHLAND

23 Belgrave Square | London SW1 | Tel. 020/78 24 13 00 | Fax 78 24 14 49

BOTSCHAFT DER REPUBLIK ÖSTERREICH

18 Belgrave Mews West | London SW1 | Tel. 020/72 35 37 31 | Fax 73 44 02 92

SCHWEIZER BOTSCHAFT

16 Montagu Place | London W1 | Tel. 020/76 16 00 00 | Fax 77 24 70 01

EINREISE

Bürger der EU und der Schweiz benötigen einen gültigen Personalausweis oder Reisepass.

EINTRITT

In vielen Museen, Ausstellungen, Kirchen wird ein sehr hohes Eintrittsgeld verlangt. Familienkarten reduzieren den Preis etwas. Die 32 staatlichen Topmuseen und Galerien gewähren freien Eintritt.

GESUNDHEIT

In den Zentren des Nationalen Gesundheitssystems (NHS) und bei den allgemeinen Ärzten (GP) werden Sie kostenfrei behandelt. Notruf: 999 (kostenlos). Die Apotheken *(pharmacy),* vielfach innerhalb von Drogerien, haben während der üblichen Geschäftszeiten geöffnet.

INTERNET

Bester Einstieg ist der hervorragende Internetauftritt der Tourismusbehörde: *www.visitbritain.de.* Hier finden Sie alle wichtigen praktischen Hinweise und zielgruppengerichtete Vorschläge für Reisen. Außerdem: *www.visitengland.de* (erste Anlaufstelle bei der Urlaubsplanung); *www.nationaltrust.org.uk* (Herrensitze, Gärten etc.); *www.english-heritage.org.uk* (Burgen, Denkmäler); *www.streetmap.co.uk* (Straßenverzeichnis); *www.traveline.org.uk* (Fahrpläne für alle öffentlichen Verkehrsmittel); *www.bbc.co.uk* (Sport, Wetter, Nachrichten, Geschichte, Kultur); *www.royal.gov.uk* (Selbstdarstellung der Königsfamilie, Öffnungszeiten der Paläste); *www.nationalparks.gov.uk* (Links zu den einzelnen Nationalparks)

INTERNETCAFÉS

Von Jahr zu Jahr gibt es eine immer größere Dichte von Hotspots. Viele sind bei *www.myhotspot.co.uk* gelistet. In den Filialen der großen Coffee-Bar- (Caffe Nero, Starbucks) und Hamburger-Ketten kann man auch surfen. Internetcafés sind weit verbreitet – zu finden sind sie über *www.cafeindex.co.uk.* Die Megalokale von *easyInternetcafe* sind landesweit ver-

> *www.marcopolo.de/england*

PRAKTISCHE HINWEISE

treten, v.a. in London. Der Zugang kostet im Internetcafé normalerweise £ 1 pro Stunde.

KLIMA & REISEZEIT

Das Wetter ist nicht so schlecht wie sein Ruf. Natürlich regnet es aufgrund der Insellage immer wieder, es kann sich aber auch schnell wieder ändern. Schönste Reisezeit ist der Frühling, wenn alles blüht und grünt. Man sollte auf alles vorbereitet sein, d.h. Regenschirm und Mantel, warmer Pullover auch im Sommer. Info: *www.bbc.co.uk/weather*

LANDKARTEN

Zur Orientierung in den Städten sind die *A–Z*-Straßenverzeichnisse zu empfehlen. Wanderkarten *(Ordnance Survey Maps)* sind in Tankstellen, Touristenämtern und Buchläden zu kaufen. Die besten Autokarten werden von AA *(Automobile Association)* herausgegeben.

MASSE & GEWICHTE

Bis auf Meile und Pint sind die spezifisch englischen Maße offiziell abgeschafft worden. Im Sprachgebrauch halten sie sich aber noch.

1 inch = 2,54 cm
1 foot = 12 inches = 30,48 cm
1 gallon = 4,56 l
1 mile = 1,61 km
1 pint = 0,57 l
1 ounce = 28,35 g
1 pound = 16 ounces = 453,6 g
32 Grad Fahrenheit = 0° C
68 Grad Fahrenheit = 20° C

MEDIEN

Die nationalen Zeitungen – es wird zwischen seriösen *(Financial Times,* *Guardian, Times)* und Boulevardzeitungen *(Sun, Mirror)* unterschieden – sind informativ und preiswert. Besonders die Stadtmagazine (in London *Time Out*) sind nützlich für die Planung des Besuchs.

WAS KOSTET WIE VIEL?

> **TEE**	**3 EURO**	für ein Kännchen Tee
> **TAXI**	**5 EURO**	pro gefahrene Meile (1,6 km) in der Stadt
> **BIER**	**3,50 EURO**	für ein Glas Bier (0,5 l)
> **EINTRITT**	**14 EURO**	für ein Ticket für einen großen Herrensitz
> **BENZIN**	**1,50 EURO**	für einen Liter
> **FISH & CHIPS**	**6 EURO**	für eine Portion

MIETWAGEN

Die bekannten internationalen Mietwagenfirmen sind in England, auch an den Flughäfen, gut vertreten. Meist ist es günstiger, vor der Reise – oft in Verbindung mit der Flugbuchung – das Auto zu reservieren.

NOTRUF

Polizei, Feuerwehr und Ambulanz: 999

ÖFFENTLICHE VERKEHRSMITTEL

Mit den Bussen von *National Express* erreichen Sie jede Ecke des

Landes. Busfahren ist günstig, v.a. wenn Sie *day returns* kaufen oder sieben Tage im Voraus buchen *(zentrale Busstation London | Victoria Coach Station | 164 Buckingham Palace Road).* Die *Brit-Xplorer-Pässe* für das gesamte Netz mit einer Dauer von 7, 14 oder 28 Tagen sind über National Express zu beziehen. Ermäßigungen mit der *Discount Coachcard* für Reisende unter 25 und der *Advantage 50* für die über 50. *Auskunft und Buchung: National Express Tel. 08705/80 80 80 | www.national express.com.* Auf Hauptstrecken fährt man sehr preiswert mit Megabus *(www.megabus.com).*

Das Bahnnetz ist dicht. Die Züge sind aber nicht immer pünktlich, die Preise hoch. Indem Sie rechtzeitig buchen oder erst nach 9.30 Uhr fahren, wird es günstiger. Es ist empfehlenswert, einen *Brit-Rail-Pass* bereits außerhalb Großbritanniens zu kaufen *(über Visitbritain oder www.visitbritaindirect.com, unterschiedl. Preise für Gültigkeitsdauer*

2–22 Tage). Fahrplanauskunft unter *www.traveline.org.uk.*

ÖFFNUNGSZEITEN

Die Geschäfte sind gewöhnlich Mo bis Sa 9.30–17.30 Uhr geöffnet, in den Haupteinkaufsstraßen oft bis 20 Uhr oder später und So ab ca. 11 Uhr. Manche Großsupermärkte öffnen 24 Stunden täglich.

POST

Postämter (oft in Schreibwaren- oder Lebensmittelläden): Mo–Sa 9–17.30 Uhr. Für Postkarten/Briefe bis 20 g nach Europa brauchen Sie einen Air-Mail-Aufkleber und eine 48 p-Marke.

STROM

Die Netzspannung beträgt 240 Volt. Sie benötigen einen Adapter, den Sie meist im Hotel erhalten.

TAXI

Das Taxifahren mit den berühmten schwarzen Cabs ist teurer als in Deutschland. Die Minicabs sind da-

WETTER IN LONDON

	Jan.	Feb.	März	April	Mai	Juni	Juli	Aug.	Sept.	Okt.	Nov.	Dez.
	6	7	10	13	17	20	22	21	19	14	10	7
Tagestemperaturen in ºC												
	2	2	3	5	8	11	13	13	11	8	5	3
Nachttemperaturen in ºC												
	2	2	4	6	7	7	7	6	5	3	2	1
Sonnenschein Std./Tag												
	11	9	8	8	8	8	9	9	9	9	10	9
Niederschlag Tage/Monat												

PRAKTISCHE HINWEISE

gegen günstiger. In London zahlt man £ 2,20 für die ersten 70 Sekunden, dann 35 p pro Min. 10% Trinkgeld ist üblich.

TELEFON & HANDY

Für die Telefonzellen brauchen Sie Münzen (20 p, 50 p, £ 1) oder eine Kreditkarte. Mindestgebühr 30 p für Inlands-, £ 1,20 für Auslandspräche.

Handys sind sehr verbreitet, die europäischen Handys GSM 900/1800 kompatibel. Beim Roaming spart, wer das günstigste Netz wählt. Vodaphone, Orange und O2 sind günstige Anbieter; es lohnt sich vor Ort die aktuellsten Prepaid-Angebote einzuholen (z. B. bei CarPhone Warehouse). Prepaid-Karten wie die von GlobalSim *(www.globalsim.net)* oder Globilo *(www.globilo.de)* sind zwar teurer, ersparen aber ebenfalls alle Roaming-Gebühren. Und: Sie bekommen schon zu Hause Ihre neue Nummer. Immer günstig sind SMS. Hohe Kosten verursacht die Mailbox: Besser abschalten!

Internationale Auskunft: 11 85 05, Nationale Auskunft: 11 85 00, bei Schwierigkeiten hilft der Operator: 100. Vorwahl nach Deutschland: 0049, Österreich: 0043, Schweiz: 0041. Vorwahl nach England 0044.

UNTERKUNFT

Bead & Breakfast: Im TIC vor Ort zu buchen oder über *www.visitbritain.de* und *www.theaa.com* (Travel). *Ferienwohnungen:* große Auswahl an herrlich gelegenen Häusern *(z. B. über Hoseasons | Tel. 01502/50 25 88 | Fax 51 42 98 | www.hoseasons.co.uk)*. Zahlreiche Anbieter in Deutschland bei *www.visitbritain.de:*

Der National Trust vermietet historische Häuser *(PO Box 536 | Melksham | Wiltshire | SN12 8 SX | Tel. aus Deutschland 0044844/800 20 70 | www.nationaltrustcottages.co.uk/)*, der Landmark Trust denkmalgeschützte Häuser *(Shottesbrooke | Maidenhead | Berkshire | SL6 3SW | Tel. 01628/82 59 25 | www.land marktrust.org.uk)*. Wohnen im Schloss bietet: *Hideaways (Tel. 01747/82 81 70 | www.hideaways.co.uk)*. *Jugendherbergen (Youth Hostels*, für Gäste jeden Alters) befreien sich zunehmend von ihrem spartanischen Image. Jugendherbergsausweis vor Ort erhältlich. *YHA | Trevelyan House | Matlock | Derbyshire | DE4 3YH | Tel. 01629/59 27 00 | Fax 59 26 27 | www.yha.org.uk.* Die Unis vermieten während der Semesterferien Zimmer: *www.venuemasters. com/index.asp | Tel. 0114/249 30 90 | Fax 249 30 91*

WÄHRUNG

Die Währungseinheit ist das Pfund Sterling (£), bestehend aus 100 pence (p). Es gibt Scheine zu 5, 10, 20 und 50 Pfund und Münzen zu 1, 2, 5, 10, 20, 50 pence sowie zu £ 1 und £ 2.

ZEIT

In England gilt die Greenwich Mean Time (GMT), d. h. MEZ minus eine Stunde.

ZOLL

Waren für den persönlichen Bedarf sind bei der Ein- und Ausreise innerhalb der EU frei: 3200 Zigaretten, 3 kg Tabak, 10 l Spirituosen, 90 l Wein, 110 l Bier. Infos unter *www.zoll.de, www.visitbritain.de*

> DO YOU SPEAK ENGLISH?

„Sprichst du Englisch?" Dieser Sprachführer hilft Ihnen,
die wichtigsten Wörter und Sätze auf Englisch zu sagen

Aussprache

Zur Erleichterung der Aussprache sind alle englischen Wörter mit einer einfachen
Aussprache (in eckigen Klammern) versehen. Folgende Zeichen sind Sonderzeichen:

- ə   nur angedeutetes „e" wie in bitte
- θ   [s] gesprochen mit der Zungenspitze zwischen den Zähnen
- '   die nachfolgende Silbe wird betont

■ AUF EINEN BLICK

Ja./Nein.	Yes. [jäs]/No. [nəu]
Vielleicht.	Perhaps. [pə'häps]/Maybee. ['mäibih]
Bitte.	Please. [plihs]
Danke.	Thank you. ['θänkju]
Vielen Dank!	Thank you very much.
	['θänkju 'wäri 'matsch]
Gern geschehen.	You're welcome. [joh 'wälkəm]
Entschuldigung!	I'm sorry! [aim 'sori]
Wie bitte?	Pardon? ['pahdn]
Ich verstehe Sie/dich nicht.	I don't understand. [ai dəunt andə'ständ]
Ich spreche nur wenig …	I only speak a bit of …
	[ai 'əunli spihk ə'bit əw …]
Können Sie mir bitte	Can you help me, please?
helfen?	['kən ju 'hälp mi plihs]
Ich möchte …	I'd like … [aid'laik]
Das gefällt mir (nicht).	I (don't) like it. [ai (dəunt) laik_it]
Haben Sie …?	Have you got …? ['həw ju got]
Wie viel kostet es?	How much is it? ['hau'matsch is it]
Wie viel Uhr ist es?	What time is it? [wot 'taim is it]

■ KENNENLERNEN

Guten Morgen!	Good morning! [gud 'mohning]
Guten Tag!	Good afternoon! [gud ahftə'nuhn]
Guten Abend!	Good evening! [gud 'ihwning]
Hallo! Grüß dich!	Hello! [hə'ləu]/Hi! [hai]
Mein Name ist …	My name is … [mai näims …]
Wie ist Ihr/dein Name?	What's your name? [wots joh 'näim]
Wie geht es Ihnen/dir?	How are you? [hau 'ah ju]
Danke. Und Ihnen/dir?	Fine thanks. And you? ['fain θänks, ənd 'ju]
Auf Wiedersehen!	Goodbye!/Bye-bye! [gud'bai/bai'bai]

> *www.marcopolo.de/england*

SPRACHFÜHRER ENGLISCH

Tschüss!	See you!/Bye! [sih ju/bai]
Bis morgen!	See you tomorrow! [sih ju tə'mərəu]

■ UNTERWEGS ■

AUSKUNFT

links/rechts	left [läft]/right [rait]
geradeaus	straight on [sträit 'on]
nah/weit	near [niə]/far [fah]
Bitte, wo ist …?	Excuse me, where's …, please? [iks'kjuhs 'mih 'weəs … plihs]
Bahnhof	station ['stäischn]
Bushaltestelle	bus stop [bas stəp]
Flughafen	airport ['eəpoht]
Wie weit ist das?	How far is it? ['hau 'fahr_is_it]
Ich möchte … mieten.	I'd like to hire … [aid'laik tə 'haiə]
… ein Auto …/… ein Fahrrad …	… a car. [ə 'kah]/…a bike. [ə 'baik]

PANNE

Ich habe eine Panne.	My car's broken down. [mai 'kahs 'brəukn 'daun]
Würden Sie mir bitte einen Abschleppwagen schicken?	Would you send a breakdown truck, please? ['wud ju sänd ə bräikdaun trak plihs]
Gibt es hier in der Nähe eine Werkstatt?	Is there a garage nearby? ['is θeə_ə 'gärahdsch 'niərbai]

TANKSTELLE

Wo ist die nächste Tankstelle?	Where's the nearest petrol station? ['weəs θə 'niərist 'pätrəlstäischn]
Ich möchte … Liter …	… litres of … ['lihtəs əw]
… Normalbenzin.	… three-star, ['θrihstah]
… Super.	… four-star, ['fohstah]
… Diesel.	… diesel, ['dihsl]
… bleifrei/verbleit.	… unleaded/leaded, please. [an'lädid/'lädid plihs]
Voll tanken, bitte.	Full, please. ['ful plihs]

UNFALL

Hilfe!	Help! [hälp]
Achtung!	Attention! [ə'tänschn]

Vorsicht!	Look out! ['luk 'aut]
Rufen Sie bitte …	Please call … ['plihs 'kohl]
… einen Krankenwagen.	… an ambulance. [ən 'ämbjuləns]
… die Polizei.	… the police. [θə pə'lihs]
Geben Sie mir bitte Ihren	Please give me your name and address!
Namen und Ihre Anschrift.	[plihs giw mi joh 'näim ənd ə'dräs]

▉ ESSEN/UNTERHALTUNG

Wo gibt es hier …	Is there … here? ['is θeər … 'hiə]
… ein gutes Restaurant?	… a good restaurant …[ə 'gud 'rästərohng]
… ein typisches Restaurant?	… a restaurant with local specialities …
	[ə 'rästərohng wiθ 'ləukl ,späschi'älitis]
Gibt es hier eine	Is there a nice pub here?
gemütliche Kneipe?	['is θeər_ə nais 'pab hiə]
Reservieren Sie uns bitte	Would you reserve us a table for four
für heute Abend einen	for this evening, please? ['wud ju ri'söhw
Tisch für vier Personen.	əs ə 'täibl fə foh fə θis 'ihwning plihs]
Die Speisekarte, bitte.	Could I have the menu, please.
	['kud ai häw θə 'mänjuh plihs]
Ich nehme …	I´ll have … [ail häw]
Bitte ein Glas …	A glass of …, please [ə 'glahs_əw … plihs]
Auf Ihr Wohl!	Cheers! [tschiəs]
Bezahlen, bitte.	Could I have the bill, please?
	['kud ai häw θə 'bil plihs]
Wo sind bitte die Toiletten?	Where are the restrooms, please?
	['weərə θə 'restruhms plihs]

▉ EINKAUFEN ▉

Wo finde ich …?	Where can I find …?
	['weə 'kən_ai 'faind …]
Apotheke	chemist's [kämists]
Bäckerei	baker's [bäikəs]
Kaufhaus	department store [di'pahtmənt stoh]
Lebensmittelgeschäft	food store ['fuhd stoh]
Markt	market ['mahkit]

▉ ÜBERNACHTUNG ▉

Können Sie mir bitte …	Can you recommend …, please?
empfehlen?	[kən ju ,räkə'mänd … plihs]
… ein Hotel …	… a hotel … [ə həu'täl]
… eine Pension …	… a guest-house … [ə 'gästhaus]
Ich habe bei Ihnen ein	I've reserved a room.
Zimmer reserviert.	[aiw ri'söhwd_ə 'ruhm]
Haben Sie noch …	Have you got … [həw ju got]

> www.marcopolo.de/england

SPRACHFÜHRER

… ein Einzelzimmer?
… ein Doppelzimmer?
… mit Dusche/Bad?

… für eine Nacht?
… für eine Woche?
Was kostet das Zimmer
mit …
… Frühstück?
… Halbpension?
… Vollpension?

… a single room? [ə 'singl ruhm]
… a double room? [ə 'dabl ruhm]
… with a shower/bath?
[wiθ ə 'schauə/'bahθ]
… for one night? [fə wan 'nait]
… for a week? [fə ə 'wihk]
How much is the room with …
['hau 'matsch is θə ruhm wiθ]
… breakfast? ['bräkfəst]
… half board? ['hahf'bohd]
… full board? ['ful'bohd]

■ PRAKTISCHE INFORMATIONEN

ARZT

Können Sie mir einen
Arzt empfehlen?
Ich habe hier Schmerzen.

Can you recommend a doctor?
[kən ju ˌräkə'mänd ə 'doktə]
I've got pain here. [aiw got päin 'hiə]

POST

Was kostet …
… ein Brief …
… eine Postkarte …
… nach Deutschland?

How much is … ['hau 'matsch is]
… a letter … [ə 'lätə]
… a postcard … [ə 'poustkahd]
… to Germany? [tə 'dschöhməni]

■ ZAHLEN

0	zero, nought [siərəu, noht]	19	nineteen [ˌnain'tihn]	
1	one [wan]	20	twenty ['twänti]	
2	two [tuh]	21	twenty-one [ˌtwänti'wan]	
3	three [θrih]	30	thirty ['θöhti]	
4	four [foh]	40	forty ['fohti]	
5	five [faiw]	50	fifty ['fifti]	
6	six [siks]	60	sixty ['siksti]	
7	seven ['säwn]	70	seventy ['säwnti]	
8	eight [äit]	80	eighty ['äiti]	
9	nine [nain]	90	ninety ['nainti]	
10	ten [tän]	100	a (one) hundred	
11	eleven [i'läwn]		['ə (wan) 'handrəd]	
12	twelve [twälw]	1000	a (one) thousand	
13	thirteen [θöh'tihn]		['ə (wan) 'θausənd]	
14	fourteen [ˌfoh'tihn]	10000	ten thousand	
15	fifteen [ˌfif'tihn]		['tän 'θausənd]	
16	sixteen [ˌsiks'tihn]	1/2	a half [ə 'hahf]	
17	seventeen [ˌsäwn'tihn]	1/4	a (one) quarter	
18	eighteen [ˌäi'tihn]		['ə (wan) 'kwohtə]	

> Die Seiteneinteilung für den Reiseatlas finden Sie auf dem hinteren Umschlag dieses Reiseführers.

Mit freundlicher Unterstützung von

kein urlaub ohne
holiday autos

gang einlegen, gas geben, urlaub kommen lassen.

holiday autos vermittelt ihnen ferienmietwagen zu alles inklusive preisen an über 5.000 stationen – weltweit.

REISEATLAS ENGLAND

buchen sie gleich:

- in ihrem reisebüro
- unter www.holidayautos.de
- telefonisch unter 0180 5 17 91 91
  (14 ct/min aus dem deutschen festnetz)

kein urlaub ohne
holiday autos

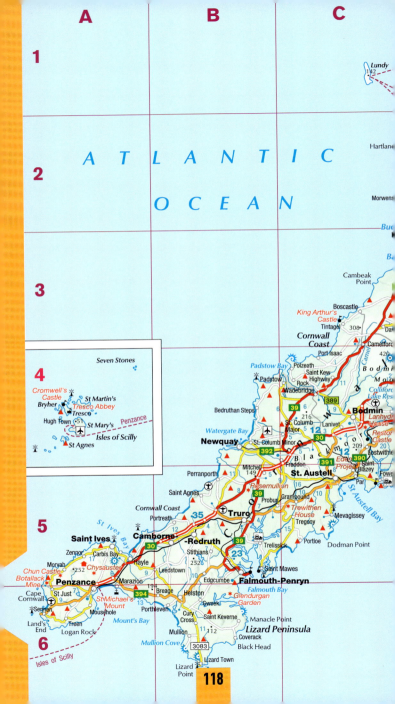

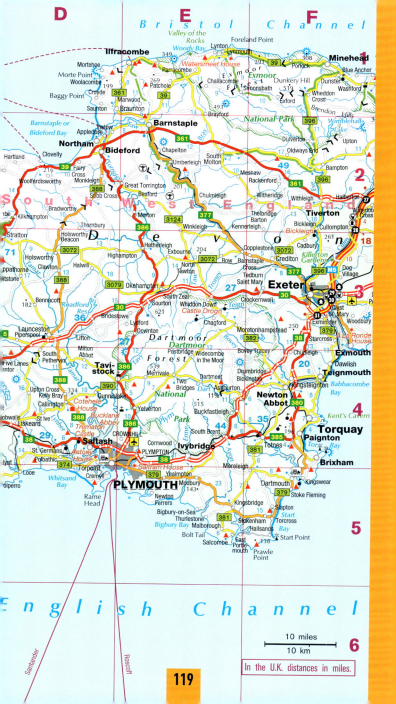

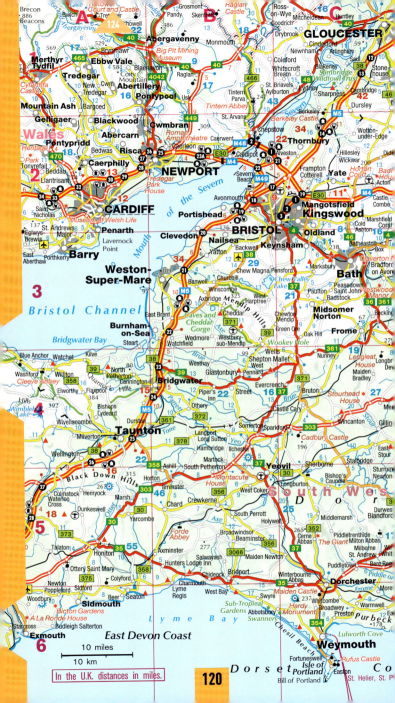

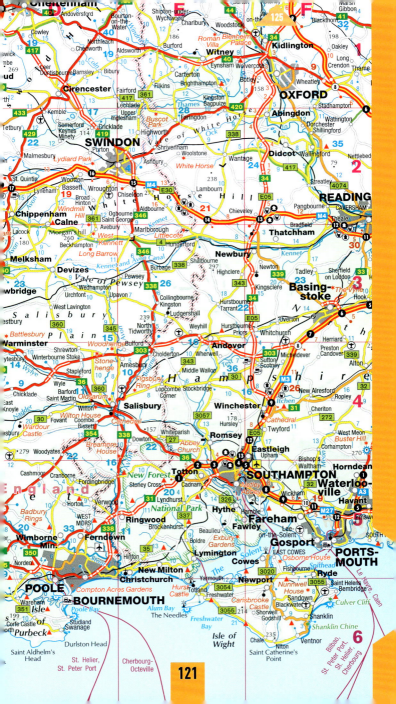

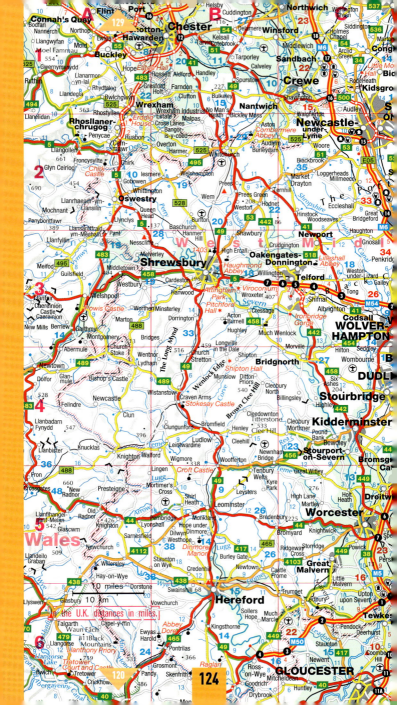

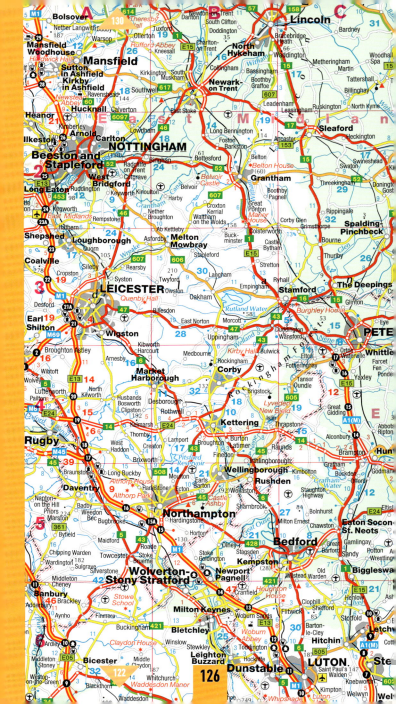

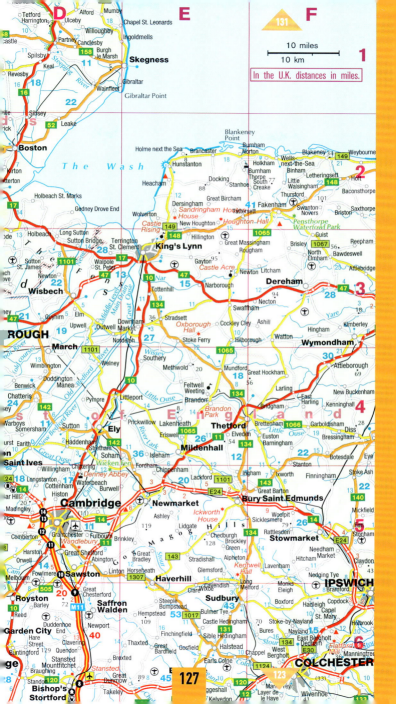

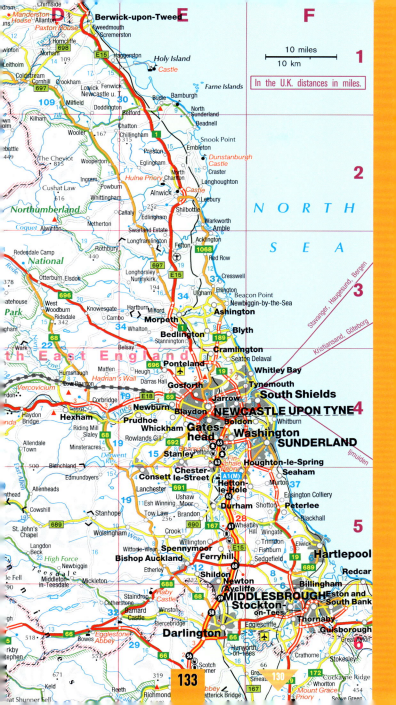

KARTENLEGENDE

Autobahn mit Anschlussstellen
Motorway with junctions

Autobahn in Bau
Motorway under construction

Mautstelle
Toll station

Raststätte mit Übernachtung
Roadside restaurant and hotel

Raststätte
Roadside restaurant

Tankstelle
Filling-station

Autobahnähnliche Schnell-straße mit Anschlussstelle
Dual carriage-way with motorway characteristics with junction

Fernverkehrsstraße
Trunk road

Durchgangsstraße
Thoroughfare

Wichtige Hauptstraße
Important main road

Hauptstraße
Main road

Nebenstraße
Secondary road

Eisenbahn
Railway

Autozug-Terminal
Car-loading terminal

Zahnradbahn
Mountain railway

Kabinenschwebebahn
Aerial cableway

Eisenbahnfähre
Railway ferry

Autofähre
Car ferry

Schifffahrtslinie
Shipping route

Landschaftlich besonders schöne Strecke
Route with beautiful scenery

Alleenstr. **Touristenstraße**
Tourist route

XI-V **Wintersperre**
Closure in winter

Straße für Kfz gesperrt
Road closed to motor traffic

8% **Bedeutende Steigungen**
Important gradients

Für Wohnwagen nicht empfehlenswert
Not recommended for caravans

Für Wohnwagen gesperrt
Closed for caravans

* *Wartenstein*
* *Umbalfälle*
Sehenswert: Kultur - Natur
Of interest: culture - nature

Badestrand
Bathing beach

Besonders schöner Ausblick
Important panoramic view

Ausflüge & Touren
Excursions & tours

Nationalpark, Naturpark
National park, nature park

Sperrgebiet
Prohibited area

Kirche
Church

Kloster
Monastery

Schloss, Burg
Palace, castle

Moschee
Mosque

Ruinen
Ruins

Leuchtturm
Lighthouse

Turm
Tower

Höhle
Cave

Ausgrabungsstätte
Archaeological excavation

▲ **Jugendherberge**
Youth hostel

Allein stehendes Hotel
Isolated hotel

Berghütte
Refuge

▲ **Campingplatz**
Camping site

Flughafen
Airport

Regionalflughafen
Regional airport

Flugplatz
Airfield

Staatsgrenze
National boundary

Verwaltungsgrenze
Administrative boundary

⊖ **Grenzkontrollstelle**
Check-point

⊖ **Grenzkontrollstelle mit Beschränkung**
Check-point with restrictions

LONDON **Hauptstadt**
Capital

READING **Verwaltungssitz**
Seat of the administration

anzeige

über den daten-highway zu mehr spaß auf allen anderen straßen:

kein urlaub ohne

holiday autos

FREUEN SIE SICH ÜBER 15 EURO MIETWAGEN-RABATT!

15 euro rabatt sichern! sms mit HOLIDAY an 83111*
(49 cent/sms)

so einfach geht´s:
senden sie das wort **HOLIDAY** per sms an die nummer **83111***
(49 cent/sms) und wir schicken ihnen ihren rabatt-code per sms zurück.
mit diesem code erhalten sie 15 euro preisnachlass auf ihre nächste
mietwagenbuchung! einzulösen ganz einfach in reisebüros, unter der
hotline 0180 5 17 91 91 (14 cent/min) oder unter www.holidayautos.de
(mindestalter des mietwagenbuchers: in der regel 21 jahre). der code ist
gültig für buchung und mietbeginn bis 31.12.2010 für eine mindest-
mietdauer von 5 tagen. der rabattcode kann pro mobilfunknummer nur
einmal angefordert werden. dieses angebot ist gültig für alle zielgebiete
aus dem programm von holiday autos nach verfügbarkeit.

* vodafone-kunden: 12 cent vodafone-leistung + 37 cent zusatzentgelt des anbieters.
teilnahme nur mit deutscher sim-karte möglich.

REGISTER

In diesem Register sind alle in diesem Reiseführer erwähnten Orte und Ausflugsziele verzeichnet. Halbfette Seitenzahlen verweisen auf den Haupteintrag, kursive auf ein Foto.

Aintree 22
Aldeburgh 23, 64, **95**
Alnwick 44f.
Althorp 62
Alton 104
Ambleside *30/31*, 90
Ascot 23, 100
Barnsley 52
Bath *4 f.*, 10, 22f., 28, 76, **77ff.**, 95
Beamish 31, **102f.**
Beaulieu 88
Belmont 13
Bibury 50, **52**
Birmingham 9, 14, **62f.**, 107
Blackpool 103
Blagdon 15
Blenheim Palace 56f.
Borrowdale 34
Bournemouth 76, **87**
Bourton-on-the-Water 52
Bowness-on-Windermere 34
Braithwaite 35
Brighton 14, 23, 28, 76, **80f.**, 84, 87
Bristol *11*, 15, 77, **79**, 100
Broadway 50, **52f.**
Burnham Market 68
Burnham Thorpe 10, **74f.**
Buttermere 92
Calder Bridge 92
Cambridge 7, *16/17*, 22, 32, 64, 65, *64/65*, **66ff.**
Canterbury 76, **81ff.**
Carlisle 45
Castle Howard 47
Castlerigg Stone Circle 92, *93*
Cavendish 71
Charleston Farmhouse 81
Cheddar 28
Cheltenham 51f.
Chester **42f.**, 100
Chichester 100
Chipping Norton 28
Clare 71
Colchester 64
Coopers Hill 22
Corbridge 45
Cornwall 10, 76, 88f., 100, 139, 140
Cotswolds *4 f.*, 29, **50f.**, *50/51*
Cradley 13
Crummock Water 35
Dedham 70
Devon 101
Dorrowdale 92
Dorset *6/7*, *101*
Dover **83**, 106
Dover Castle 82f.
Dunwich 95
Dunwich Heath *94/95*
Durham (Grafschaft) 103
Durham (Ort) 31, **32f.**, 45
East Anglia 64, 65, 73, 94f.

East Bergholt 71
East Witton 49
Eden Project 89
Ely 66, **69f.**
Ennerdale Bridge 92
Eskdaletal 91
Eton 58, **86**
Fakenham 105
Farne Islands 45
Folkestone 106
Fountains Abbey 47
Glastonbury 79
Gloucester 10
Gloucestershire 15, 22
Goathland 10
Goodwood 100
Gosforth 92
Grantchester 69
Grasington 49
Grasmere 34
Great Yarmouth 105
Greenwich 54
Grosmont 48
Hadrian's Wall 10, *44*, **45**, 48
Halifax 13
Haltwhistle 45
Hardknott Fort 91
Hardknott Pass 91
Harome 48
Harrogate 22
Harwich 100, 106
Hastings 10
Hawes 49
Haworth 92f.
Helmsley 48
Henley-on-Thames 23
Hexham 45
Holkham Beach 68
Holy Island – Lindisfarne 45
Honister Pass 34, 92
Horning 75
Hull 64, 100, 106
Hunstanton 101
Ironbridge Gorge **58f.**, 104
Isle of Man 91
Isle of Wight 23, *86/87*, **87f.**, 100, 101
Keswick **34f.**, 92, *93*
King's Lynn **75**, 101
Kirkstone Pass *30/31*
Lake District 11, 18, 30, *30/31*, **34f.**, 90, *90/91*, 139, 140
Lake Windermere 101
Lamplugh 92
Land's End 89
Lavenham 70f.
Leeds 8, 28, 30, **34f.**
Leeds Castle 83
Lewes 23
Lincolnshire 100
Lindisfarne 32, **45**
Little Langdale 90

Littlehampton 12
Liverpool 7, 22, 23, 26, 30, 31, **36ff.**, 48, 100, 104, 139
London 8, *8/9*, 12, 13, 14, 15, 18, 21, 22, 23, 26, 27, 28, 29, 36, 42, 52, 54, 67, *82/83*, **83ff.**, 84, 100, 105, 107, 108, 109, 110, 111, 139
Long Melford 71
Longleat House 79
Lowestoft 105
Loweswater 92
Ludlow **58f.**, 60
Lyndhurst 88
Malvern 13
Manchester 7, 8, 9, 14, 15, 28, 30, 31, **39ff.**, 48, 96f., 104, 107, 139
Nether Wasdale 92
New Forest **88**, 140
Newcastle 8, 9, 30, **43ff.**, 45, 65, 103, 107, 139
Newmarket 65, **70**
Newquay **89**, 100
Newtondale Schlucht 9, 48
Norfolk 68, 75, 101
Norfolk Broads 74, **75**, 100
North York Moors National Park 47 f.
Northumberland 32, 45
Norwich 65, 68, **71ff.**
Ogden 13
Orford 94
Orford Ness 94
Oxford *5*, 22, 32, 50, *52*, **53ff.**, 60, 66, 100
Oxfordshire *50/51*
Padstow 26
Painswick 53
Peak District 101
Peninstone Hill 92
Pennines 30
Pensthorpe 105
Pickering 48
Poole 28
Portsmouth 86ff.
Ravenglass 92
Reeth 49
Rhodyate 15
Rievaulx Abbey 48
Ripon 47
Rugby 100
Rye 83
Saltaire 36
Sandringham House *74/75*, 75
Santon Bridge 92
Scafell Pike 18, 90, 92
Scarborough 48
Sheringham 101
Shrewsbury 51, **57ff.**, 58
Shropshire 50, 58
Silverstone 23
Snape Street 94
Somerset 101

> www.marcopolo.de/england

IMPRESSUM

Southampton 99
Southport 100
Southwold 95
St. Ives 88f.
Stokesay Castle 60
Stonehenge 7, 11, 23, 76/77, **79**, 140
Stradford-upon-Avon **60ff.**, 92
Surrey 105
Thornham 75
Thorpeness 95
Top Withins 92

Towcester 23
Trafalgar 10, 74, 87
Warrington 14
Warwick Castle 63
Wasdale Head 92
Wells 80
Wendover 13
Westleton 95
Westleton-Minsmere-Reservat 95
Whitby 32, **48f.**
Wilmcote 60

Winchester 88
Windermere 34
Windsor 58, **86**
Witton 74
Woodbridge 94
Woodhall Spa 100
Wroxham 75
Wrynose Pass 90f.
York 7, 31, **46ff.**
Yorkshire 48, 90, 92, 139
Yorkshire Dales National Park **49**, 100

> SCHREIBEN SIE UNS!
Liebe Leserin, lieber Leser,

wir setzen alles daran, Ihnen möglichst aktuelle Informationen mit auf die Reise zu geben. Dennoch schleichen sich manchmal Fehler ein – trotz gründlicher Recherche unserer Autoren/innen. Sie haben sicherlich Verständnis, dass der Verlag dafür keine Haftung übernehmen kann.

Wir freuen uns aber, wenn Sie uns schreiben.

Senden Sie Ihre Post an die
MARCO POLO Redaktion,
MAIRDUMONT, Postfach 31 51,
73751 Ostfildern,
info@marcopolo.de

IMPRESSUM

Titelbild: Fahrradfahrerin (Corbis: Bryan F. Peterson)
Fotos: The Berkeley (13 o.); Bilderberg: Zielske (72); Cancer Research UK (14 M.); Corbis: Bryan F. Peterson (1); Daylesford Organic (15 u.); East Beach Cafe: Andy Stagg (12 u.); Feldhoff & Martin (101, 105); ©fotolia.com: Brebca (96 M. l.), Elena Moiseeva (96 o. l.); R. Freyer (U. l., 3 r., 11, 21, 23); R. Hackenberg (37, 46, 49); HB Verlag: Böttcher/Tiensch (26), Lyons (93); Schmidt (3 M., 73); Hilton Hotels (97 u. r.); Huber: Damm (5, 89), Dolder (22/23, 69), Fantuz (6/7, 30/31), Huber (4 l., 78), Lawrence (50/51), Leimer (4 r., 32, 74/75, 80/81), Mackie (U. r., 94/95), Picture Bank (24/25), Picture Finders (82/83), Ripani (16/17, 35, 90/91), Sharpe (44, 54/55, 64/65), Giovanni Simeone (76/77); ©iStockphoto.com: Andy Hwang (97 o. l.), ChurchmouseNZ (96 M. r.), Imre Cikajlo (96 u. r.), peter zelei (97 M. l.); M. Kirchgessner (70, 98/99, 116/117); Laif: Heeb (102/103), REA (41), Zanettini (38); Look: Pompe (18, 27, 40, 52, 66); Mauritius: Lawrence (3 l.), Merten (8/9), Noble (61), Vidler (57, 62), Visa Image (22), Warburton-Lee (85); noSno: Pete Tatham (13 u.); Oxfordshire Visual Arts Festival: Paul Medley (14 o.); Pink Ladies: Mark Wittaker (14 u.); S. Randebrock (28, 28/29, 29); ringspun (15 o.); The Roadhouse: Tash Wilcocks (97 M. r.); W. Russwurm (43); Schapowalow: Heaton (U. M.); Silvestris: Stadler (2 l., 86); M. Strobel (2 r., 59); J. Sykes (139); Nadja Tamas (12 o.)

4. (10.), aktualisierte Auflage 2008
© MAIRDUMONT GmbH & Co. KG, Ostfildern
Verlegerin: Stephanie Mair-Huydts; Chefredaktion: Michaela Lienemann, Marion Zorn
Autorin: Kathrin Singer, Bearbeitung: John Sykes; Redaktion: Beatrix Müller-Kapuscinski
Programmbetreuung: Cornelia Bernhart, Jens Bey
Bildredaktion: Gabriele Forst, Silwen Randebrock
Szene/24h: wunder media, München; Kartografie Reiseatlas: © MAIRDUMONT, Ostfildern
Innengestaltung: Zum goldenen Hirschen, Hamburg; Titel; S. 1–3: Factor Product, München
Sprachführer: in Zusammenarbeit mit Ernst Klett Sprachen GmbH, Stuttgart, Redaktion PONS Wörterbücher
Das Werk einschließlich aller seiner Teile ist urheberrechtlich geschützt. Jede urheberrechtsrelevante Verwertung ist ohne Zustimmung des Verlages unzulässig und strafbar. Das gilt insbesondere für Vervielfältigungen, Übersetzungen, Nachahmungen, Mikroverfilmungen und die Einspeicherung und Verarbeitung in elektronischen Systemen.
Printed in Germany. Gedruckt auf 100% chlorfrei gebleichtem Papier

FÜR IHRE NÄCHSTE REISE

gibt es folgende MARCO POLO Titel:

DEUTSCHLAND
Allgäu
Amrum/Föhr
Bayerischer Wald
Berlin
Bodensee
Chiemgau/Berchtes-
 gadener Land
Dresden/Sächsische
 Schweiz
Düsseldorf
Eifel
Erzgebirge/Vogtland
Franken
Frankfurt
Hamburg
Harz
Heidelberg
Köln
Lausitz/Spreewald/
 Zittauer Gebirge
Leipzig
Lüneburger Heide/
 Wendland
Mark Brandenburg
Mecklenburgische
 Seenplatte
Mosel
München
Nordseeküste
 Schleswig-
 Holstein
Oberbayern
Ostfriesische Inseln
Ostfriesland/
 Nordseeküste
 Niedersachsen/
 Helgoland
Ostseeküste
 Mecklenburg-
 Vorpommern
Ostseeküste
 Schleswig-
 Holstein
Pfalz
Potsdam
Rheingau/
 Wiesbaden
Rügen/Hiddensee/
 Stralsund
Ruhrgebiet
Schwäbische Alb
Schwarzwald
Stuttgart
Sylt
Thüringen
Usedom
Weimar

ÖSTERREICH |
SCHWEIZ
Berner Oberland/
 Bern
Kärnten
Österreich
Salzburger Land
Schweiz
Tessin
Tirol
Wien
Zürich

FRANKREICH
Bretagne
Burgund
Côte d'Azur/
 Monaco
Elsass
Frankreich
Französische
 Atlantikküste
Korsika
Languedoc-
 Roussillon
Loire-Tal
Normandie
Paris
Provence

ITALIEN | MALTA
Apulien
Capri
Dolomiten
Elba/Toskanischer
 Archipel
Emilia-Romagna
Florenz
Gardasee
Golf von Neapel
Ischia
Italien
Italienische Adria
Italien Nord
Italien Süd
Kalabrien
Ligurien/
 Cinque Terre
Mailand/Lombardei
Malta/Gozo
Oberital. Seen
Piemont/Turin
Rom
Sardinien
Sizilien/
 Liparische Inseln
Südtirol
Toskana
Umbrien
Venedig
Venetien/Friaul

SPANIEN |
PORTUGAL
Algarve
Andalusien
Barcelona
Baskenland/Bilbao
Costa Blanca
Costa Brava
Costa del Sol/
 Granada
Fuerteventura
Gran Canaria
Ibiza/Formentera
Jakobsweg/Spanien
La Gomera/El Hierro
Lanzarote
La Palma
Lissabon
Madeira
Madrid
Mallorca
Menorca
Portugal
Spanien
Teneriffa

NORDEUROPA
Bornholm
Dänemark
Finnland
Island
Kopenhagen
Norwegen
Schweden
Südschweden/
 Stockholm

WESTEUROPA |
BENELUX
Amsterdam
Brüssel
Dublin
England
Flandern
Irland
Kanalinseln
London
Luxemburg
Niederlande
Niederländische
 Küste
Schottland
Südengland

OSTEUROPA
Baltikum
Budapest
Estland
Kaliningrader
 Gebiet
Lettland
Litauen/Kurische
 Nehrung
Masurische Seen
Moskau
Plattensee
Polen
Polnische Ostsee-
 küste/Danzig
Prag
Riesengebirge
Russland
Slowakei
St. Petersburg
Tschechien
Ungarn
Warschau

SÜDOSTEUROPA
Bulgarien
Bulgarische
 Schwarzmeerküste
Kroatische Küste/
 Dalmatien
Kroatische Küste/
 Istrien/Kvarner
Montenegro
Rumänien
Slowenien

GRIECHENLAND |
TÜRKEI | ZYPERN
Athen
Chalkidiki
Griechenland
 Festland
Griechische
 Inseln/Ägäis
Istanbul
Korfu
Kos
Kreta
Peloponnes
Rhodos
Samos
Santorin
Türkei
Türkische Südküste
Türkische Westküste
Zakinthos
Zypern

NORDAMERIKA
Alaska
Chicago und
 die Großen Seen
Florida
Hawaii
Kalifornien
Kanada
Kanada Ost
Kanada West
Las Vegas
Los Angeles
New York
San Francisco
USA
USA Neuengland/
 Long Island
USA Ost
USA Südstaaten/
 New Orleans
USA Südwest
USA West
Washington D.C.

MITTEL- UND
SÜDAMERIKA
Argentinien
Brasilien
Chile
Costa Rica
Dominikanische
 Republik
Jamaika
Karibik/
 Große Antillen
Karibik/
 Kleine Antillen
Kuba
Mexiko
Peru/Bolivien
Venezuela
Yucatán

AFRIKA |
VORDERER
ORIENT
Ägypten
Djerba/
 Südtunesien
Dubai/Vereinigte
 Arabische Emirate
Israel
Jerusalem
Jordanien
Kapstadt/
 Wine Lands/
 Garden Route
Kenia
Marokko
Namibia
Qatar/Bahrain/
 Kuwait
Rotes Meer/Sinai
Südafrika
Tunesien

ASIEN
Bali/Lombok
Bangkok
China
Hongkong/
 Macau
Indien
Japan
Ko Samui/
 Ko Phangan
Malaysia
Nepal
Peking
Philippinen
Phuket
Rajasthan
Shanghai
Singapur
Sri Lanka
Thailand
Tokio
Vietnam

INDISCHER
OZEAN |
PAZIFIK
Australien
Malediven
Mauritius
Neuseeland
Seychellen
Südsee

> UNSER INSIDER
MARCO POLO Korrespondent John Sykes im Interview

John Sykes stammt aus Southport bei Liverpool, studierte Geschichte in Oxford und lebt seit 25 Jahren in seiner Wahlheimat Köln.

Was machen Sie beruflich?

Ich bin Autor von einigen Büchern über England, Schottland, Irland, die immer wieder aktualisiert werden müssen. Sonst bin ich als Übersetzer und Redakteur tätig – für Reiseführer und Bücher mit kulturellen Themen. Wenn ich in Köln bin, arbeite ich als Stadtführer.

Was gefällt Ihnen an Ihrem Heimatland England besonders?

Am meisten gefällt mir die abwechslungsreiche Landschaft. Ich liebe die Küste – die langen flachen Sandstrände nördlich von Liverpool, aber auch die Steilküste, z. B. in Nordostengland, Yorkshire und Cornwall. Der Kontrast zwischen der lieblichen, grünen Landschaft in Süd- und Mittelengland einerseits, und der rauen Berg- und Moorlandschaft im Norden und im Westen ist auch sehr reizvoll. Ich verbringe jedes Jahr viel Zeit in England und komme viel herum: meine Verwandtschaft lebt hauptsächlich im Norden, meine Freunde eher in London und im Süden. Aber das Land ist so vielfältig und es gibt so viel Neues jedes Jahr, dass es auch für Autoren von Reiseführern immer wieder etwas zu entdecken gibt.

Was gefällt Ihnen in England nicht?

Es gibt immer weniger Dinge, die mir nicht gefallen. Als ich in den 1980er-Jahren zuerst nach Deutschland kam, merkte man, dass England deutlich ärmer war. Das hat sich grundlegend verändert, und die Folgen sind augenfällig: die Hotels und Restaurants haben einen besseren Standard, ehemals heruntergekommene Industriestädte wie Manchester und Newcastle sind jetzt schöne Reiseziele, auch die Kulturszene profitiert vom Wohlstand. Was mich immer noch stört sind die hohen Preise, vor allem für Leistungen, die Reisende in Anspruch nehmen: Essen gehen, Hotels.

Was machen Sie in Ihrer Freizeit?

Wenn ich in Großbritannien bin, gehe ich wandern so oft ich kann. Herrlich sind die Küstenwanderungen, auch Bergtouren – der Lake District und die schottischen Highlands sind meine Lieblingsziele zum Wandern. Ich besuche sehr gerne Kathedralen und Kirchen, Burgen und Herrensitze. Die englischen Museen sind auch ziemlich fortschrittlich, oft gar nicht museal.

Was ist Ihr Lieblingsessen?

An Fish & Chips gefällt mir der Fisch meist besser als die Chips, die oft nicht knusprig genug sind. Wenn ich weiß, dass es authentisch ist, gehe ich gerne zu indischen und chinesischen Restaurants. Und ich breche eine Lanze für's englische Bier, das deutsche Besucher oft unterschätzen.

> BLOSS NICHT!

Auch in England gibt es Dinge, die Sie wissen müssen oder besser nicht tun

Falsch parken

Parken ist in England im Sommer eine nervenaufreibende Angelegenheit. Vor allem die hübschen Orte in Cornwall, im New Forest und im Lake District sind ziemlich überlastet. Falschparker werden fast 100-prozentig geschnappt, empfindlich zur Kasse gebeten und nicht selten abgeschleppt. Nutzen Sie deshalb lieber die öffentlichen Verkehrsmittel, oder wählen Sie einen Dauerparkplatz außerhalb des Zentrums.

Touristische Höhepunkte am Wochenende aufsuchen

An Wochenenden herrscht vielerorts großes Gedränge. Man ist gut beraten, die absoluten Höhepunkte wie Stonehenge oder Westminster Abbey unter der Woche zu besichtigen.

Losplatzen

Die beiden Wörtchen *Excuse me* sollten unbedingt jeder Frage oder Bitte um Auskunft vorangestellt werden, ob im Laden, in der Bahn, im Pub oder in der Bank. *Hello* oder *Mister* sind bei den Briten absolut verpönt.

Double Beds bestellen

Wenn Sie etwas mehr Platz zu zweit im Bett bevorzugen, sollten Sie bei der Buchung eines Bed & Breakfast ein Doppelzimmer mit zwei Einzelbetten *(twins)* und nicht einfach ein Doppelzimmer bestellen. Letzteres ist mit Doppelbett, das für den kontinentalen Geschmack manchmal zu schmal ist. Hotels und die besseren B&Bs haben mittlerweile oft große, bequeme Betten mit Luxuswäsche. Schauen Sie online oder fragen Sie bei der Buchung.

Vordrängeln

Anstellen ist eine englische Leidenschaft. An den Bushaltestellen wird das am deutlichsten. Also bitte nicht geradewegs zur Bustür stürzen, sondern erst einmal umschauen und sehen, ob sich nicht vor dem Bus bereits eine Warteschlange formiert hat. Auch in Restaurants sollte man schauen, ob ein Schild „Please wait to be seated" aufgestellt ist. Dann wartet man darauf, einen Tisch zugewiesen zu bekommen

Den Besserwisser herauskehren

Die Engländer können es überhaupt nicht leiden, wenn sie den Eindruck haben, belehrt zu werden. Sich mit (auch gut gemeinten) Ratschlägen zurückzuhalten ist daher unbedingt zu empfehlen.

Empfindlich sein

Die Engländer machen gern ihre Witze über die Deutschen und den Zweiten Weltkrieg. Vor allem wenn Deutschland gegen England Fußball spielt, sind die Boulevardblätter voll mit derben Vergleichen. Sich darüber aufzuregen lohnt auf keinen Fall. Meistens ist es auch nicht so ernst gemeint.